Rolf Steininger

17. Juni 1953

Rolf Steininger

17. Juni 1953

Der Anfang vom langen Ende der DDR

OLZOG

Die Deutsche Bibliothek – CIP-Einheitsaufnahme

Steininger, Rolf :
17. Juni 1953 – Der Anfang vom langen Ende der DDR /
Rolf Steininger. – München : Olzog, 2003
ISBN 3-7892-8113-1

ISBN 3-7892-8113-1

Internet: http://www.olzog.de

Umschlagentwurf unter Verwendung eines Ullstein-Bildes:
Gruber & König, Augsburg
Satz: Verlagsservice G. Pfeifer/EDV-Fotosatz Huber, Germering
Druck- und Bindearbeiten: Ebner & Spiegel, Ulm

Printed in Germany

Inhalt

Vorbemerkung 9

Erster Teil: Der 17. Juni 19

1. Vorgeschichte 19
2. Moskau und die SED 41
3. Der Aufstand 46
4. Reaktion und Interpretation 54
5. Der Westen 58

Zweiter Teil: Das lange Ende 63

1. Entstalinisierung 63
2. Mangelwirtschaft 67
3. Die Mauer 74
4. Stasi und Repression 87
5. „Einheit von Wirtschafts- und Sozialpolitik“ 95
6. Das Ende 101

Fazit 105

Dokumente 109

1. Bericht der ZK-Abteilung LOPM über die Haltung der Bevölkerung zur Versorgungslage und zu den Normenerhöhungen, 24.4.1953 111

2. Rudolf Herrnstadt über die Sitzung des SED-Politbüros am 9.6.1953 ... 113
3. Bericht der FDJ über die Reaktion der Bevölkerung auf das Kommuniqué des SED-Politbüros, 15.6.1953 ... 120
4. Otto Lehmann: „Zu einigen schädlichen Erscheinungen bei der Erhöhung der Arbeitsnormen", 16.6.1953 ... 123
5. Marschall Andrej Gretschko (Berlin-Ost) an Nikolai Bulganin (Moskau), 17.6.1953 ... 125
6. Vortragender Legationsrat Erich Meynen (Berlin-West) an das Auswärtige Amt (Bonn), 17.6.1953 ... 127
7. Diskussion im SED-Politbüro über die Führung der Partei, 8.7.1953 ... 129
8. Walter Ulbricht auf dem SED-Parteitag 1954 über den 17. Juni, 30.3.1954 ... 131
9. Walter Ulbricht: Zehn Jahre DDR, 6.10.1959 ... 133
10. MfS-Bericht über die Organisation von „Republikflucht" und die Lage der „Republikflüchtigen", 19.12.1958 ... 135
11. Bericht der Hauptverwaltung Deutsche Volkspolizei über polizeiliche Aufgaben bei der Kollektivierung der Landwirtschaft, 15.3.1960 ... 138
12. Fünf Bauernregeln: Walter Ulbricht nach der Kollektivierung der Landwirtschaft, 25.4.1960 ... 142
13. Erich Mielke: „Zur Lage in der DDR", 20.6.1961 ... 143
14. Direktive des SED-Politbüros zur Kampfbereitschaft der Partei, 4.8.1961 ... 149
15. MfS-Bericht über die „Republikflucht", 3.10.1961 ... 156
16. Walter Ulbricht: 20 Jahre DDR, 6.10.1969 ... 162
17. Erich Honecker: 30 Jahre DDR, 6.10.1979 ... 166
18. MfS-Bericht über Reaktionen auf die Informations- und Medienpolitik in der UdSSR, 10.5.1989 ... 168
19. MfS-Bericht über Motive der DDR-Ausreisewilligen, 9.9.1989 ... 172

20. MfS-Bericht über Reaktionen zu aktuellen Aspekten der Lage in der DDR, 11.9.1989 183
21. Erich Honecker: 40 Jahre DDR, 6.10.1989 185
22. MfS-Bericht über Reaktionen progressiver Kräfte auf die Lage in der DDR, 8.10.1989 188
23. Ex-Politbüro-Mitglied Günter Schabowski über die Gründe des Scheiterns der DDR, 1992 194

Abkürzungen 197

Literaturauswahl 199

Internetadressen 203

Personenregister 205

Vorbemerkung

Die vierzigjährige Geschichte der DDR ist im Grunde die Geschichte der Staatspartei SED, der Sozialistischen Einheitspartei Deutschlands, wie sie offiziell firmierte, und die inoffiziell und nicht zu Unrecht auch „Stalins ergebenster Diener" genannt wurde. Diese Geschichte läßt sich – wenn man so will – an drei Sätzen und drei Ereignissen festmachen.

Der erste Satz stammt von Gerhard Eisler, dem Leiter der Hauptabteilung Information der Deutschen Wirtschaftskommission in der Sowjetischen Besatzungszone. In einer Sitzung der SED-Führung am 4. Oktober 1949, drei Tage vor Gründung der DDR, machte er folgendes klar: „Wenn wir eine Regierung gründen, geben wir sie niemals wieder auf, weder durch Wahlen noch andere Methoden." Der stellvertretende SED-Chef Walter Ulbricht stimmte zu und ergänzte: „Das haben einige noch nicht verstanden!"[1] Was damit gemeint war, war auch klar: Die SED-Führungsclique hielt wenig von Demokratie, noch weniger von der DDR-Verfassung, in der viel von demokratischen Rechten und Freiheiten die Rede war. Sie strebte von Anfang an eine Diktatur volksdemokratischen Typs an, einen von ihr auf Dauer dominierten faktischen Einparteienstaat. Dazu gehörten u. a. massive Wahlfälschung, Pression und Manipulation.

Der zweite Satz stammt von Leonid Breschnew. Als Ulbrichts Sturz vorbereitet wurde, traf der Kremlchef Erich Honecker am 28. Juli 1970 in Moskau und machte ihm mit

---

[1] Zit. bei Siegfried Suckut, Die Entscheidung zur Gründung der DDR. Die Beratungen des SED-Parteivorstands am 4. und 9. Oktober 1949, in: *Vierteljahrshefte für Zeitgeschichte* 39 (1991), S. 161.

seltener Offenheit klar, was aus seiner Sicht „Partnerschaft im Bruderbund" bedeutete: „Wir haben doch Truppen bei Ihnen. Erich, ich sage Dir offen, vergesse das nie: Die DDR kann ohne uns, ohne die SU [Sowjetunion], ihre Macht und Stärke, nicht existieren. Ohne uns gibt es keine DDR."[2]

Das waren wahre Worte, wie sich vor allem 1989 zeigen sollte, als der dritte Satz fiel, und zwar von Kremlchef Michail Gorbatschow bei dessen Besuch zum vierzigjährigen Gründungstag der DDR. Es war der inzwischen wohl berühmteste Satz, der bezeichnend war für das Ende des Kalten Krieges und für das Ende der DDR – und wohl auch für die Sowjetunion selbst, nämlich: „Wer zu spät kommt, den bestraft das Leben."

Das erste der drei Ereignisse ist der Aufstand vom 17. Juni 1953. Die damit verbundene Krise führte zur „inneren Staatsgründung" der DDR.[3] Auch wenn dies das Ende der Wiedervereinigungsdiskussion bedeutete und Walter Ulbricht gestärkt aus ihr hervorging: es war eine unvollendete Revolution mit Langzeitwirkung.

Das zweite Ereignis ist der Mauerbau am 13. August 1961, der auch als „zweite Geburt der DDR" bezeichnet worden ist.[4]

Das dritte Ereignis ist mit ziemlicher Sicherheit die Entscheidung Erich Honeckers nach seiner Machtübernahme 1971, mit Blick auf den 17. Juni gegen alle wirtschaftliche Vernunft an der „Einheit von Wirtschafts- und Sozialpolitik" festzuhalten: Damit wurde die DDR direkt in den Bankrott geführt.

---

[2] Dokumente zur Deutschlandpolitik, VI. Reihe/Band 1, bearbeitet von Daniel Hofmann, München 2002, Dok. Nr. 167, S. 670.

[3] Vgl. Ilko-Sascha Kowalczuk/Armin Mitter/Stefan Wolle (Hg.), Der Tag X – 17. Juni 1953. Die „Innere Staatsgründung" der DDR als Ergebnis der Krise 1952/54, Berlin 1996.

[4] Vgl. Wilfriede Otto, Zwischen Mauerbau und Mauerfall. Spannungsfeld 13. August 1961 (hefte zur ddr-geschichte, 71), Berlin 2001, S. 27.

Mit Blick auf das Ende 1989 ist wohl zu diskutieren, ob „die naheliegende und insbesondere von der politischen Klasse oft beschworene Verbindungslinie zwischen 1953 und 1989 zu suggestiv (ist), als daß sie einer kritischen historischen Prüfung standhielte“[5]. Je mehr wir über die Geschichte der DDR erfahren, um so mehr neige ich der These zu, die Armin Mitter und Stefan Wolle bereits 1993 formuliert haben, daß es sich dabei um einen „Untergang auf Raten“[6] gehandelt hat. Das Scheitern der SED-Diktatur war systemimmanent und -bedingt!

Der Herbst 1989 brachte die Vollendung der unvollendeten Revolution von 1953. Die Geschichte des zweiten deutschen Staates ist so gesehen von ihrem Ende her zu deuten. Auch wenn es dagegen möglicherweise Bedenken gibt, eines ist wohl unbestritten, nämlich, wie das Werner Müller zuletzt formuliert hat: „Die Geschichte des zweiten deutschen Staates ist eine Geschichte des Scheiterns, und das nicht erst seit 1989“[7] – wie im Folgenden gezeigt wird.

Wer sich mit der Geschichte der DDR beschäftigt, sollte die Ereignisse um den 17. Juni nicht isoliert betrachten – und umgekehrt. Der 17. Juni 1953 war nämlich bis zum Untergang der DDR *das* Trauma der SED-Führung. Wie sehr den SED-Genossen dieser Tag in den Knochen steckte, wurde im Herbst 1989 deutlich, als bei Beginn der Demonstrationen und der Flüchtlingswelle der Chef der Staatssicherheit, Armeegeneral Erich Mielke, in einer Dienstbe-

---

[5] So Christoph Kleßmann und Bernd Stöver in dem von ihnen herausgegebenen Sammelband: 1953 – Krisenjahr des Kalten Kriegs in Europa, Köln/Weimar/Wien 1999, S. 26.

[6] So Armin Mitter/Stefan Wolle, Untergang auf Raten. Unbekannte Kapitel der DDR-Geschichte, München 1993.

[7] So Werner Müller, Die DDR-Entwicklungslinien und Strukturen eines untergegangenen Staates, in: Die zweite gesamtdeutsche Demokratie, hrsg. von der Bayerischen Landeszentrale für politische Bildungsarbeit, München 2001, S. 77.

sprechung am 31. August die Frage stellte: „Ist es so, daß morgen der 17. Juni ausbricht?“[8] Oder Ex-ZK-Sekretär Kurt Hager, der in der Sitzung des Zentralkomitees der SED am 10. November 1989 betonte, die Situation sei „schärfer, ernster als 1953“.[9]

Seit jenem 17. Juni saß der SED die Angst vor der eigenen Bevölkerung im Nacken und bestimmte weitgehend ihre Politik, die letztlich in den Untergang führte. Die SED-Oberen fürchteten den Unmut der Bürger über nicht gewährte Verbesserungen mehr als die finanziellen und wirtschaftlichen Folgen einer ökonomisch nicht fundierten Anhebung oder Aufrechterhaltung des Lebensstandards, der im Vergleich zur BRD ohnehin eher bescheiden war.

Der 17. Juni ist ein Schlüsselereignis in der deutschen und europäischen Nachkriegsgeschichte: Es ist der erste Aufstand im Ostblock. Karl Wilhelm Fricke nannte ihn „das Wetterleuchten einer neuen Zeit, das Menetekel eines Emanzipationsprozesses, der Ost- und Südeuropa erfassen sollte, zuletzt die Sowjetunion selbst“.[10] Dieser frühe Aufstand gegen die zweite deutsche Diktatur war zugleich der erste innerhalb des sowjetischen Imperiums. Der moralische Gewinn, der sich noch nach 50 Jahren aus diesem Ereignis ziehen läßt – vor allem für Bürger der ehemaligen DDR –, ist enorm. Der 17. Juni 1953 ist ein Datum, an das sich voller Stolz erinnern läßt. Es kann als absolut sicher

---

[8] Armin Mitter/Stefan Wolle (Hrsg.), „Ich liebe euch doch alle!“ Befehle und Lageberichte des MfS. Januar–November 1989, Berlin 1990, S. 125.

[9] Hans-Hermann Hertle/Gerd-Rüdiger Stephan (Hg.), Das Ende der SED. Die letzten Tage des Zentralkomitees, Berlin 1999, S. 405.

[10] Karl Wilhelm Fricke vom Deutschlandfunk in seinem Vortrag „Der 17. Juni 1953 – der erste Arbeiteraufstand gegen die kommunistische Diktatur im sowjetischen Imperium“ beim 4. Bautzen-Forum der Friedrich-Ebert-Stiftung am 17./18. Juni 1993.

gelten, daß politisch freie DDR-Bürger umgehend auch die Lösung der offenen deutschen Frage herbeigeführt hätten. Der SED-Staat wäre vom Erdboden verschwunden, die deutsche Teilung in kürzester Zeit aufgehoben worden. Das gelang nicht. Sowjetische Panzer retteten 1953 das Regime. 36 Jahre später blieben die Panzer in den Kasernen.

Jahrzehntelang lautete die Sprachregelung in der DDR, der 17. Juni sei ein von außen gesteuerter faschistischer Putsch gewesen, der lange vorausgeplante „Tag X". Wissenschaftlich durfte dieser Aufstand allerdings nicht erforscht werden; Monographien dazu gab es nicht. Das Ereignis wurde zu einem „Un-Datum". Die Machthaber fürchteten bis zuletzt – zu Recht – eine Neuauflage des Aufstandes. Gerade deshalb aber versuchten sie, jede Erinnerung daran zumindest aus der öffentlichen Wahrnehmung zu tilgen. Wo in größeren Geschichtswerken das Geschehen der Chronologie wegen nicht unerwähnt bleiben konnte, verkam seine Darstellung zu purer Propaganda. Es waren leere Phrasen, die ritualartig wiederholt wurden, genauso wie die Mauer in Berlin zum „antifaschistischen Schutzwall" degenerierte, was genauso unglaubwürdig war – auch und immer mehr für DDR-Bürger.

Es liegen inzwischen zahlreiche Arbeiten auf der Basis bis 1989/90 nicht verfügbarer Akten vor, die neues Licht auf verschiedene Aspekte dieses 17. Juni werfen, aber auch auf die weitere Entwicklung der DDR bis zu ihrem Untergang. Für den 17. Juni gilt:

1. Der Aufstand war flächendeckend;
2. neben Arbeitern war auch die bäuerliche Bevölkerung beteiligt;
3. der Aufstand endete nicht am 17. Juni. Noch im Juli/August gab es Streiks;

4. die Forderung nach freien Wahlen als Grundlage für die Schaffung der Einheit Deutschlands wurde massiv vorgetragen.[11]

Alle vier Punkte wurden im Westen nicht richtig erkannt bzw. nur wenig wahrgenommen. Um so mehr allerdings von der SED-Führungsclique. Der 17. Juni war immer präsent – und dies bis 1989. Um diesen 17. Juni und um das, was folgte, geht es in der vorliegenden Darstellung, die um ausgewählte Dokumente ergänzt wird. Sie gliedert sich in zwei Teile. Im ersten geht es um den Aufstand selbst, im zweiten um den oben genannten Untertitel.

Im ersten Teil werden folgende Themen behandelt:

1. Vorgeschichte

Die DDR befand sich damals in einer tiefen inneren Krise, deren Ursachen auf die Politik der SED seit ihrer Gründung zurückzuführen waren. Die entscheidende Zäsur bildet das Jahr 1952 mit dem Vertrag über die Europäische Verteidigungsgemeinschaft (EVG) auf der einen und der II. Parteikonferenz der SED auf der anderen Seite. Der von Walter Ulbricht proklamierte „planmäßige Aufbau des Sozialismus" bedeutete die radikale Veränderung der gesellschaftlichen Struktur in der DDR. Die Entwicklung, die die DDR bis dahin genommen hatte, sollte vertieft und beschleunigt, damit aber auch eine mögliche Annäherung an die Bundesrepublik oder gar eine Wiedervereinigung erschwert werden.

---

[11] Vgl. hierzu auch Armin Mitter, Auferstanden aus Ruinen und der Zukunft zugewandt? Die Errichtung und Entwicklung der kommunistischen Diktatur in Ostdeutschland (1945–1955/56), in: 40 Jahre Zweistaatlichkeit in Deutschland. Eine Bilanz, hrsg. von der Bayerischen Landeszentrale für politische Bildungsarbeit, München 1999, S. 119–132, hier S. 127.

2. Moskau und die SED

Am 2. und 3. Juni 1953 fanden Beratungen einer SED-Delegation mit Vertretern des ZK der KPdSU in Moskau statt. Die Sowjets äußerten ihre tiefe Beunruhigung über die in der DDR entstandene Lage und übergaben der SED ein inzwischen berühmt gewordenes Dokument. Das hatte offensichtlich mit deutschlandpolitischen Überlegungen des Kreml zu tun. Es ging um die Frage, ob der von Moskau dekretierte „Neue Kurs" der Auftakt für eine neue sowjetische Deutschlandinitiative zur Fortsetzung der Deutschlandpolitik des Jahres 1952 (Stalin-Note) mit glaubwürdigem Wiedervereinigungsangebot war, oder nur ein weiterer Versuch, den Aufbau der westlichen Militärallianz zu stoppen.

Am 9. Juni beschloß das Politbüro der SED für die DDR einen „Neuen Kurs", der Parteimitglieder und Bevölkerung der DDR geradezu schockte. Erst seit der Wende 1989 wissen wir, wie es zu diesem radikalen Kurswechsel gekommen ist.

3. Der Aufstand

Der Protest ging von Arbeitern aus und wurde von ihnen weitergetragen, entwickelte sich aber sehr schnell zu einer politisch motivierten Volkserhebung, die spontan aus den inneren Widersprüchen des Regimes hervorbrach. Die Unruhen erfaßten mehr als 500 Orte in der DDR – viel mehr, als bislang im Westen angenommen worden war. Die Streiks begannen bereits vor dem 17. Juni und dauerten bis Mitte Juli an. Es war ein Aufstand gegen die SED, mit der Forderung nach Abschaffung des Systems und freien Wahlen, d. h. auch Wiedervereinigung.

Wie sich die Bilder gleichen: 17. Juni 1953 in Ost-Berlin, 9. Oktober 1989 in Leipzig (rechts unten). Mit einem entscheidenden Unterschied: In Leipzig bleiben die sowjetischen Panzer in den Kasernen, es gibt auch keinen Schießbefehl der SED-Führung.

4. Reaktion und Interpretation

Die SED-Führung reagierte hilflos und suchte Schutz bei den Sowjets, die den Aufstand niederschlugen und auf die Gruppe um Walter Ulbricht setzten.

5. Der Westen

Hier geht es in erster Linie um die Reaktionen Bonns, der USA und Großbritanniens. Inwieweit die bis dahin in Washington öffentlich propagierte Politik des „roll back" nicht verfolgt wurde und warum Churchill mit seiner Deutschlandinitiative scheiterte.

Im zweiten Teil werden die langfristigen Folgen und Konsequenzen des 17. Juni entsprechend der Hauptthese untersucht. Hier werden Aspekte der späteren SED-Politik dargestellt und analysiert: Entstalinisierung, Mangelwirtschaft, Bau der Mauer, Stasi und Repression, „Einheit von Wirtschafts- und Sozialpolitik" und schließlich das Ende der DDR.

Die Dokumente, deren Inhalte sich über Jahrzehnte bezeichnenderweise kaum ändern, geben einen Einblick in Entscheidungsprozesse und die Befindlichkeiten der Machthaber in Ost-Berlin und Moskau. Sie zeigen aber auch, wie diese sich öffentlich darstellten, was und wie SED-Parteiführung und Stasi die Dinge sahen und aufzeichneten, und machen die Diskrepanz zwischen Anspruch und Wirklichkeit deutlich. Und das alles in einem merkwürdig verqueren, beinahe unerträglichen Parteideutsch. Aber so ist die DDR wohl gewesen. Sie war eben doch nicht „Trumpf", auch wenn das auf den Jubiläumsfeierlichkeiten zur Gründung der Republik von den SED-Oberen immer wieder verkündet wurde.

Erster Teil: Der 17. Juni

1. Vorgeschichte

Im Frühjahr/Sommer 1953 befand sich die DDR in einer tiefen inneren Krise. Die Ursachen dafür lassen sich nicht monokausal auf die Politik der SED seit 1952 zurückführen, sondern sind Teil der gesamten Systementwicklung. Das begann bereits im Juni 1945 mit der Gründung der KPD, setzte sich fort mit der Zwangsfusion von KPD und SPD zur SED im April 1946 und der sich daran anschließenden Entwicklung. Die SED-Führer agierten dabei ganz im Sinne ihrer sowjetischen Lehrer und waren gelehrige Schüler. Sie hätten am liebsten schon früh ihren eigenen Staat gehabt. Im Frühjahr 1948 klärte der Leiter der sowjetischen Militäradministration (SMAD)-Informationsabteilung, Generalmajor Sergej Tulpanow, die SED-Genossen über die neue Lage und die weiteren Perspektiven auf. Erstmals ging die SMAD jetzt von der Teilung Deutschlands als vollzogener Tatsache aus und legte die SED auf eine strikt stalinistische Ausrichtung fest – mit der Errichtung einer Ordnung in der Sowjetischen Besatzungszone in Anlehnung an die Volksdemokratien in Osteuropa. „Die Veränderungen in der politischen und – man könnte auch sagen – in der staatlichen Situation in der Sowjetzone", so Tulpanow, „diktieren eine drastische Hebung des Niveaus der organisatorischen und ideologischen Arbeit der Partei – einen Wechsel im Stil der Parteiführung." Konkret sahen die Veränderungen nach Meinung Tulpanows so aus:

„1. Faktisch ist eine Aufteilung Deutschlands in zwei Teile, welche sich nach verschiedenen Gesetzen entwickeln, zustandegekommen.
2. Die Entwicklung der *sowjetischen Zone* ist eine Entwicklung nach dem *Typ der neuen Demokratien.*
3. An der Macht in der sowjetischen Zone steht die Partei der Arbeiter und Bauern.
4. Die *Funktionen der Staatsmacht ändern sich grundsätzlich.* Das vergesellschaftete Eigentum, die Planierung, die Teilnahme der Massen an dem wirtschaftlichen Leben stellen die Partei vor neue Aufgaben und legen ihr neue Funktionen auf."

Die SED befinde sich „an der Grenze zweier Welten, dort wo die Welt des Kapitalismus auf die Welt des Sozialismus trifft. Deswegen sind ihr auch große verantwortliche Aufgaben auferlegt." Es gehe darum, „ihre Reihen organisatorisch und ideologisch zu festigen". Mit anderen Worten: Die SED sollte nunmehr in eine „Partei neuen Typus" umgewandelt werden, auch wenn Tulpanow diesen Begriff noch nicht benutzte. Was gemeint war, war klar: Schulung der Parteikader, organisatorische Festigung der Partei, festes, diszipliniertes Parteiaktiv, Schaffung eines festen Parteikerns in allen Massenorganisationen, Durchsetzung des Marxismus-Leninismus, „Entlarvung" des „amerikanischen Imperialismus": „Man muß in der Partei den Haß zu dem sich rasch in der Richtung zum Faschismus entwickelnden amerikanischen Imperialismus und seinen Verbündeten entfachen." Die SED sei die erste Partei in Europa, die aufgrund der Vereinigung der ehemaligen Sozialdemokraten und der ehemaligen KPD geschaffen worden sei; sie sei ein Zeichen für eine ganze Reihe anderer Länder des Ostens und des Südostens Europas geworden. Als Aufgabe wurde

Extra-Ausgabe

NEUES DEUTSCHLAND

ZENTRALORGAN DER SOZIALISTISCHEN EINHEITSPARTEI DEUTSCHLANDS

Kostenlos — Berlin, Freitag, 14. Oktober 1949 — Kostenlos

Telegramm

des Vorsitzenden des Ministerrats der UdSSR

J. W. Stalin

An den Präsidenten der Deutschen Demokratischen Republik,
Herrn Wilhelm Pieck

An den Ministerpräsidenten der Deutschen Demokratischen Republik,
Herrn Otto Grotewohl

Gestatten Sie mir, Sie beide und in Ihrer Person das deutsche Volk anläßlich der Bildung der Deutschen Demokratischen Republik und anläßlich der Wahl des Ersteren von Ihnen zum Präsidenten und des Letzteren zum Ministerpräsidenten der Deutschen Demokratischen Republik zu beglückwünschen.

Die Bildung der friedliebenden Deutschen Demokratischen Republik ist ein Wendepunkt in der Geschichte Europas. Es unterliegt keinem Zweifel, daß die Existenz eines friedliebenden demokratischen Deutschland neben dem Bestehen der friedliebenden Sowjetunion die Möglichkeit neuer Kriege in Europa ausschließt, die Blutvergießen in Europa beendet und die Versklavung der europäischen Länder durch die Weltimperialisten unmöglich macht.

Die Erfahrung des letzten Krieges hat gezeigt, daß das deutsche und das sowjetische Volk in diesem Kriege die größten Opfer gebracht haben, daß diese beiden Völker in Europa die größten Potenzen zur Vollbringung großer Aktionen von Weltbedeutung besitzen. Wenn diese beiden Völker mit gleicher Anspannung der Kräfte ihre Entschlossenheit bekunden werden, für den Frieden zu kämpfen, mit der sie den Krieg führten, so kann der Friede in Europa als gesichert betrachtet werden.

Wenn Sie so den Grundstein für ein einheitliches, demokratisches und friedliebendes Deutschland legen, vollbringen Sie gleichzeitig ein großes Werk für ganz Europa, in dem Sie ihm einen festen Frieden gewährleisten.

Sie brauchen nicht daran zu zweifeln, daß Sie, wenn Sie diesen Weg einschlagen und den Frieden festigen, große Sympathien und die aktive Unterstützung aller Völker der Welt finden werden, darunter des amerikanischen, englischen, französischen, polnischen, tschechoslowakischen, italienischen Volkes, schon gar nicht zu reden vom friedliebenden Sowjetvolk.

Ich wünsche Ihnen Erfolg auf Ihrem neuen, glorreichen Wege.

Es lebe und gedeihe das einheitliche, unabhängige, demokratische, friedliebende Deutschland!

13. Oktober 1949. — J. Stalin

Die Gründung der DDR ein „Wendepunkt in der Geschichte Europas“?

An alle Deutschen!

An alle deutschen demokratischen Parteien und Organisationen!

Der Wille des deutschen Volkes nach Einheit und Frieden hat die Volkskammer der Deutschen Demokratischen Republik veranlaßt, dem Bundestag der Deutschen Bundesrepublik den Vorschlag für eine

gesamtdeutsche Beratung

der Vertreter der Deutschen Demokratischen Republik und Westdeutschlands zu machen. Die gesamtdeutsche Beratung soll folgende Aufgaben erfüllen:

1. **Für ganz Deutschland freie, gleiche und geheime demokratische Wahlen für eine Nationalversammlung zur Schaffung eines einheitlichen, demokratischen, friedliebenden Deutschlands festlegen.**
2. **Den beschleunigten Abschluß eines Friedensvertrages mit Deutschland und den darauffolgenden Abzug aller Besatzungstruppen aus Deutschland verlangen.**

Schluß mit der Spaltung unseres Vaterlandes! Für ein friedliches Leben müssen wir uns auf friedlichem Wege vereinen. Deutschland braucht Frieden, aber keinen neuen Krieg; friedlichen Aufbau aber keine Bomben und Zerstörungen.

Die Volkskammer wendet sich an alle Deutschen, an alle demokratischen Parteien und Organisationen mit der Bitte, ihren **Vorschlag über die Einberufung einer gesamtdeutschen Beratung zu unterstützen.** Es darf den Gegnern der Einheit nicht gelingen, **die Einheit und die Erringung eines dauerhaften Friedens für Deutschland** zu hintertreiben.

Fordert die Einberufung der gesamtdeutschen Beratung!

Kämpft für die Einheit Deutschlands und den beschleunigten Abschluß eines Friedensvertrages!

Es lebe das einheitliche, unabhängige, demokratische und friedliebende Deutschland!

Deutsche an einen Tisch!

Berlin, den 15. September 1951

Volkskammer der
Deutschen Demokratischen Republik

1951 appelliert die Volkskammer der DDR an „alle Deutschen“. Die Antwort gibt Bundeskanzler Konrad Adenauer, der ebenfalls an „alle Deutschen“ appelliert.

AN ALLE DEUTSCHEN!

Wir alle erstreben die Wiedervereinigung Deutschlands in Frieden und Freiheit. Wir wissen, daß wir allein auf uns gestellt dieses Ziel gegen den Willen Sowjetrußlands nicht erreichen können. Im Deutschlandvertrag aber übernehmen die drei Westmächte vertraglich die Verpflichtung, mit der Bundesrepublik zusammen die Wiedervereinigung Deutschlands auf friedlichem Wege unter einer demokratischen Verfassung herbeizuführen.

Schon das allein verpflichtet uns gegenüber den Deutschen hinter dem Eisernen Vorhang, den Verträgen mit dem Westen zuzustimmen.

Nach dem Vertrag über die Europäische Verteidigungsgemeinschaft werden dieser auch deutsche Truppen angehören. Ich möchte erklären, daß wir alle Waffenträger unseres Volkes, die im Rahmen der hohen soldatischen Überlieferungen ehrenhaft zu Lande, auf dem Wasser und in der Luft gekämpft haben, anerkennen.

Wir sind überzeugt, daß der gute Ruf und die großen Leistungen des deutschen Soldaten, trotz aller Schmälerungen während der vergangenen Jahre, in unserem Volke noch lebendig sind und es auch bleiben werden. Es muß unsere Aufgabe sein, die sittlichen Werte des deutschen Soldatentums mit der Demokratie zu verschmelzen.

Wir stehen vor der Wahl zwischen Sklaverei und Freiheit!

Wir wählen die Freiheit!

Adenauer

Bundeskanzler Dr. Konrad Adenauer

(Aus der Regierungserklärung über den Deutschland- und EVG-Vertrag vom 3. Dezember 1952) der SED dann aufgetragen, „den Kampf um die Eroberung ganz Deutschlands" zu führen; vorher sollte sie aber „ihre Reihen organisatorisch und ideologisch [...] festigen" und „die Furcht vor entscheidenden Maßnahmen [...] gegen ausgesprochene Feinde der Demokratie" überwinden.[12]

Am 18. Dezember 1948 empfing Stalin die SED-Führer Wilhelm Pieck, Otto Grotewohl und Walter Ulbricht. In mehreren Punkten dämpfte Stalin den Elan seiner ostdeutschen Genossen mit Blick auf die Gründung eines eigenen Staates. Im Prinzip stimmte er zwar ihren Vorstellungen zu, mahnte aber zu Bedachtsamkeit und taktischen Rücksichtnahmen. Pieck notierte: „Noch kein Übergang Volksdemokratie, rechter Flügel, noch kein Kampf dagegen, nicht schlagen, Volksdemokratie warten." Stalin stimmte der Straffung der SED-Führung zu; die bevorstehende Parteikonferenz solle die Umstrukturierung der SED in eine „Partei neuen Typus" beschließen. Allgemeine Wahlen sollten nicht vor dem Frühjahr 1950 durchgeführt werden. Gleichzeitig empfahl er die „Entwicklung der Blockarbeit in [der] Ostzone". Pieck notierte, wie das gemeint war: „Rechten Flügel in bürgerl.[ichen] Parteien schlagen – Fortschrittl.[iche] Kräfte stärken – so daß einheitl.[iche] Blockliste zur Wahl."[13] Damit war der weitere Kurs vorgezeichnet. Die I. Parteikonferenz der SED sprach sich am 28. Januar 1949 für die Entwicklung der SED zu einer „Partei neuen Typus" aus, einer marxistisch-leninistischen Kaderpartei, die sich politisch-ideologisch vollständig dem Führungsanspruch der sowjetischen kommunistischen Partei unterwarf.

---

[12] Rolf Badstübner/Wilfried Loth (Hrsg.), Wilhelm Pieck – Aufzeichnungen zur Deutschlandpolitik 1945–1953, Berlin 1993, S. 216–227.

[13] Ebd., S. 260 ff., und Dietrich Staritz, Die SED, Stalin und die Gründung der DDR. Aus den Akten des Zentralen Parteiarchivs, in: *Aus Politik und Zeitgeschichte*, B 5 (1991), S. 7.

Am 27. September 1949 gab dann das Politbüro des ZK der KPdSU grünes Licht für die Gründung der DDR. Entsprechend ihren Beschlüssen konstituierte sich am 7. Oktober der sogenannte Volksrat als provisorische Volkskammer der „Deutschen Demokratischen Republik". Stalin begrüßte die Bildung der DDR in seinem Glückwunschtelegramm als „Wendepunkt in der Geschichte Europas" und wünschte ihr Erfolg auf dem „neuen, glorreichen Wege". Der Weg sollte jedoch alles andere als glorreich werden, wie wir inzwischen wissen und die Bewohner der DDR schon sehr bald merkten.

Die Gründung der DDR begann bereits mit einer Lebenslüge. Tatsache war, daß die SED von Anfang an eine DDR volksdemokratischen Typs anstrebte, einen von ihr auf Dauer dominierten faktischen Einparteienstaat – und dies im Gegensatz zu den Verfassungsbestimmungen. Zentraler Punkt, und das bewegte viele Gemüter in der DDR bei der Staatsgründung mehr als alles andere, war, wann und wie die verschobenen Volkskammerwahlen wohl durchgeführt würden, welchen politischen Charakter die DDR also tatsächlich annehmen würde. Alle Befürchtungen wurden dann im Oktober 1950 bei diesen ersten Wahlen bestätigt. Durch massive Wahlfälschung, Pressionen und Manipulationen erreichte die SED genau das, was der bereits zitierte Gerhard Eisler formuliert hatte, nämlich, „wenn wir eine Regierung gründen, geben wir sie niemals wieder auf, weder durch Wahlen noch andere Methoden". Das setzte sich bis 1989 fort.

Eine zweite Lebenslüge der SED war die öffentlich vertretene Auffassung, sie sei die Partei der Wiedervereinigung. Entsprechende Initiativen der DDR klangen mehr als unglaubwürdig. So schlug DDR-Ministerpräsident Otto Grotewohl am 30. November 1950 Bundeskanzler Konrad Adenauer vor, ein „Gesamtdeutscher Konstituierender Rat

Die Forderung nach einem Runden Tisch wird 38 Jahre später, im Dezember 1989, realisiert – allerdings anders, als sich die SED-Führung das 1951 vorgestellt hatte.

Deutsche!
Lasst Euch nicht von Grotewohl
für dumm verkaufen!
Fordert die deutsche
Nationalversammlung
Frei gewählt
in West und Ost!
Das ist unser
„Runder Tisch!"
Ho

unter paritätischer Zusammensetzung aus Vertretern Ost- und Westdeutschlands“ solle die „Bildung einer Gesamtdeutschen souveränen, demokratischen und friedliebenden Provisorischen Regierung“ vorbereiten – ein Vorstoß, den Adenauer unter Hinweis auf „freie Wahlen“ problemlos abblocken konnte (Schreiben vom 15. Januar 1951).

Als im Herbst 1951 erkennbar war, daß bei den Verhandlungen zur Gründung der Europäischen Verteidigungsgemeinschaft ein Durchbruch erzielt worden war, reagierte die DDR erneut. Am 15. September machte Grotewohl ein aus seiner Sicht offensichtlich weitgehendes Angebot: Er nahm jetzt die Forderung nach freien Wahlen an. Von der paritätischen Vertretung von West- und Ostdeutschland war nicht mehr die Rede. „Deutsche an einen Tisch“ hieß jetzt die Losung. Erste Aufgabe gesamtdeutscher Beratungen sollte die Festlegung freier Wahlen für eine Nationalversammlung sein – nicht wie bisher der Abschluß eines Friedensvertrages.

Adenauer konterte am 27. September mit 14 Grundsätzen einer Wahlordnung für gesamtdeutsche Wahlen und forderte statt gesamtdeutscher Beratungen eine neutrale internationale Kommission zur Überprüfung der Voraussetzungen für diese Wahlen.

Am 10. Oktober akzeptierte die DDR-Regierung überraschend die Mehrzahl der 14 Punkte; man hielt es allerdings für zweckmäßig, die internationale Kontrolle in den gesamtdeutschen Beratungen zu erörtern. In seiner Antwort forderte Adenauer, daß zunächst eine UNO-Kommission untersuchen solle, „inwieweit die bestehenden Verhältnisse die Abhaltung freier Wahlen in der Bundesrepublik und in der Sowjetzone Deutschlands gestatten“. Erwartungsgemäß lehnte die DDR-Regierung diese Forderung als Einmischung in innere Angelegenheiten ab. In ihrer Presse hieß es, ein altes Kulturvolk wie die Deutschen habe keinen Grund, seine Fähigkeit zur Durchführung freier Wahlen von Brasilianern und Pakistanis überprüfen zu lassen.

Dann kam der 10. März 1952 mit der berühmten Stalin-Note. Es wird wohl nie definitiv zu klären sein, wie weit Stalin beim Thema Einheit Deutschlands gegangen wäre. Die Note wirkte jedenfalls auf die SED-Führung geradezu verstörend. Das merkwürdig schwache Echo der Note in der DDR kann man als Indiz für die Furcht des Politbüros vor dem Ende des eigenen Staates werten. Die DDR stand offensichtlich zur Disposition. Die erste Antwortnote des Westens hat möglicherweise diese Gefahr bereits beseitigt. Jedenfalls gab Stalin dann Pieck, Grotewohl und Ulbricht am 7. April im Kreml als zukünftige Aufgabe mit auf den Weg, eine eigene Armee aufzubauen, neun bis zehn Armeekorps, 30 Divisionen, 300.000 Mann – „nicht Miliz, sondern ausgebildete Armee. Alles ohne Geschrei, aber beharrlich", wie Pieck notierte. Auch sonst wurde klar, worum es gehen würde, nämlich um den „Sozialismus. Tatsachen schaffen. Im Anfang die Tat – Weg zum Sozialismus – staat[liche] Prod[uktion] ist sozialistische." Außerdem wurde den SED-Genossen aufgetragen, „Prozesse durchführen – kein Pazifismus".[14]

Das SED-Politbüro erkannte die Gunst der Stunde. Es mußte jetzt darum gehen, die Kluft zwischen der Bundesrepublik und der DDR zu vertiefen und damit eine mögliche Wiedervereinigung jedenfalls schwieriger zu machen. Am gleichen Tag, als in Bonn der „Deutschlandvertrag" unterzeichnet wurde – am 26. Mai –, riegelte die DDR folgerichtig die innerdeutsche Grenze ab: Von nun an gab es eine fünf Kilometer breite Sperrzone, einen 500 Meter breiten

[14] Siehe hierzu insgesamt Steininger, Deutsche Geschichte, Bd. 2, S. 175–215, mit weiterführender Literatur.

Schutzstreifen und einen zehn Meter breiten Kontrollstreifen, der für viele DDR-Bewohner zum Todesstreifen wurde. Sogenannte „feindliche, verdächtige und kriminelle Elemente" wurden in einer Blitzaktion aus der Fünfkilometer-Zone zwangsausgesiedelt. Bei der Stasi lief das unter dem menschenverachtenden Codenamen „Aktion Ungeziefer". 11.000 Menschen mußten binnen weniger Stunden ihren Besitz verladen und ihre Häuser verlassen. 3.000 von ihnen flohen später in den Westen.

Wichtiger aber war, was vom 9. bis 12. Juli 1952 in der Ostberliner Werner-Seelenbinder-Halle geschah. Dort tagte die II. Parteikonferenz der SED. Für die weitere Entwicklung war dies eine entscheidende Zäsur. Es ging jetzt um den Aufbau des Sozialismus in der DDR. Davon war in den Vorbereitungen für die Parteikonferenz zunächst keine Rede gewesen. Erst nach der Sitzung des Politbüros vom 1. Juli war diese Frage erörtert und die Entscheidung getroffen worden, dies zu verkünden. Die Initiative dazu ging offensichtlich von Walter Ulbricht aus. Ein Ergebnis dieser Sitzung war ein Brief vom 2. Juli an Stalin. Anlage, Inhalt und Diktion dieses Schreibens sind außerordentlich aufschlußreich, lassen sie doch die Denkweise erkennen, von der die Verkündung des sozialistischen Aufbaus bestimmt war. Man bat die Genossen in Moskau um Stellungnahme zu drei Fragen, nämlich Einschätzung der Entwicklung der SED, Charakteristik der Adenauer-Regierung und, wohl am wichtigsten, welches Entwicklungsstadium man in der DDR erreicht habe.[15] Die Zustimmung Moskaus zur Verkündung des sozialistischen Aufbaues erreichte die SED-Führung erst am Tag vor Eröffnung der Parteikonferenz.

[15] Zuerst veröffentlicht bei Dietrich Staritz, Die SED, Stalin und der „Aufbau des Sozialismus" in der DDR. Aus den Akten des Zentralen Parteiarchivs, in: *Deutschland Archiv* 27 (1994), S. 686–700; auch bei Steininger, Deutsche Geschichte, Bd. 2, S. 236 ff.

Erst am Vorabend der Parteikonferenz informierte Ulbricht auf der ganze 45 Minuten dauernden IX. Tagung des ZK schließlich das Zentralkomitee über den Knackpunkt seines Referates. Dabei lag der Entschließungsentwurf nicht einmal schriftlich vor.

Im zweiten Teil seines achtstündigen Vortrags kam Ulbricht dann zum Kern der ganzen Veranstaltung. Er verkündete: „Die demokratische und wirtschaftliche Entwicklung sowie das Bewußtsein der Arbeiterklasse und der Mehrheit der Werktätigen sind soweit entwickelt, daß der Aufbau des Sozialismus zur grundlegenden Aufgabe geworden ist." Und weiter: „Auf dem Wege der sozialistischen Entwicklung werden wir alle bei uns vorhandenen Schwierigkeiten überwinden können." Ulbricht beendete seine Rede mit dem Satz: „Lang lebe unser Lehrmeister, der Bannerträger des Friedens und Fortschritts in der ganzen Welt, der große Stalin!" Im Konferenzprotokoll wurde vermerkt: „Stürmischer Beifall, Hurrarufe, der Beifall geht in minutenlange Ovationen für Genosse Stalin über."[16]

So mancher Delegierte hatte gar nicht begriffen, worum es Ulbricht ging. So etwa der greise, aus der Sozialdemokratie gekommene Otto Buchwitz, der erklärte:

> „Wir haben es immer gewollt! Wir haben es ersehnt! Wir haben es in uns getragen wie einen heiligen Schatz! Wir haben gekämpft! Wir haben gelitten und Opfer gebracht, wie sie ein Einzelner für diese große, schönste und herrlichste Idee nur bringen kann. Nun eröffnet sich für uns, die wir am Ausgang des Lebens stehen, eine Perspektive, eine Perspektive, die wir ersehnt, die wir erträumt haben, die für uns in den dunklen Jahren unseres Lebens, im Zuchthaus oder im KZ der innere

---

[16] Protokoll der Verhandlungen der II. Parteikonferenz der Sozialistischen Einheitspartei Deutschlands, Berlin (Ost) 1952, S. 161.

> Fundus war, an den wir uns klammerten, an deren Sieg wir glaubten, was uns hinwegbrachte über die Jahre der Not und der Finsternis."[17]

Ulbricht machte klar, worum es gehen würde: „Das Hauptinstrument bei der Schaffung der Grundlagen des Sozialismus ist die Staatsmacht."[18] „Neues Deutschland", das Zentralorgan der SED, präsentierte anschließend der Welt eine scheinbar enthusiastische Bevölkerung:

> „Gewaltige Demonstration der Entschlossenheit zum Aufbau des Sozialismus. In über vierstündiger Demonstration bekannten sich die Werktätigen unserer Republik und Berlins zu der neuen Losung der II. Parteikonferenz. Unendlicher Jubel dankt dem Zentralkomitee unserer Partei für den Entschluß zum planmäßigen Aufbau des Sozialismus" –

so lauteten die Schlagzeilen am 12. Juli 1952. Angeblich hatten 500.000 Menschen der Partei- und Staatsführung sowie den Delegierten der Parteikonferenz gehuldigt.

Mit dem „Aufbau des Sozialismus" war die radikale Veränderung der gesellschaftlichen Struktur geplant. Die Sonderentwicklung, die die DDR bis dahin genommen hatte, sollte vertieft und beschleunigt werden. Es war dies eine Politik, die auf Gleichschritt im sozialistischen Lager zielte und dazu führen mußte, eigene Entwicklungen zu verstärken und die Spaltung zu vertiefen. Es ging dabei um das Eigeninteresse der SED-Führung, deren Ziel es war, die DDR in den östlichen Block zu integrieren, um auf diese Weise Sicherheit zu erlangen. So stand im Mittelpunkt der Parteikonferenz nicht mehr das Ziel der Vereinigung, son-

---

[17] Ebd., S. 257.
[18] Ebd., S. 59.

- 2 -

Prozesse durchführen - M. 7 Urteile prüfen
kein Pazifismus
Erfüllt Euch mit Kampfgeist, wir werden Euch helfen.

Schlußbesprechung am 7.4. - 22.05-23.20 Uhr

Lage (Stalin) St.: bisher alle Vorschläge abgelehnt
keine Kompromisse
Schaffung Europa-Armee - nicht gegen SU, sondern um Macht in Europa zu erhalten.
Atlantikpakt - selbständiger Staat im Westen
Demarkationslinie gefährliche Grenze
1. Linie Deutsche - Stasi, dahinter Sowjetsoldaten
Wir müssen mit terroristischen Akten rechnen.

Verteidigung Die liquidierten Sowjetkommandanturen wiederherstellen - 3000
Bewaffnung muß geschaffen werden, sofort russische Gewehre mit Patronen. Militärische Ausbildung für Infanterie, Marine, Aviation, Unterseeboote, Panzer - Artillerie wird gegeben, auch Jägerdivision.
Hoffmann - 24 Abt. - 58 000
Nicht Miliz, sondern ausgebildete Armee. Alles ohne Geschrei, aber beharrlich.

Dorf Auch Schaffung von Produktiv-Genossenschaften im Dorfe, um Großbauern einzukreisen. Geschickt im Herbst beginnen. Beispiele schaffen - Vergünstigungen Saatgut, Maschinen. Instrukteure zur Verfügung. Niemand zwingen. Nicht schreien Kolchosen - Sozialismus. Tatsachen schaffen. Im Anfang die Tat - Weg zum Sozialismus - staatliche Produktion ist sozialistische Produktion.

Bessere Bezahlung der Ingenieure - 1 : 1,7
Wohnung, 2-3 x mehr als Arbeiter
11-12 000 Rbl. an Akademiker
qualifizierte Arbeiter besser bezahlen als unqualifizierte

Thesen nicht behandelt
Partei nicht behandelt, Parteikonferenz
KPD
Wirtschaftskonferenz
Einheit, Friedensvertrag - weiter agitieren

Schlußbesprechung im Kreml am 7. April 1952. Teilnehmer: Stalin, Molotow, Malenkow, Bulganin, Pieck, Grotewohl, Ulbricht. Maschinenschriftliche Reinschrift der handschriftlichen Notizen Wilhelm Piecks.

dern der Ausbau der sozialistischen DDR zu einem Bollwerk des internationalen Sozialismus. Das paßte zum XIX. Parteitag der KPdSU im November 1952, wo Stalin davon sprach, daß die Lage kompliziert und eine Kriegsgefahr unübersehbar sei. Zu dieser Zeit lief der Krieg in Korea weiter, und die USA hatten mit der Explosion der ersten Wasserstoffbombe am 2. November 1952 eine neue Stufe des Rüstungswettlaufs beschritten (wobei festzuhalten ist, daß Stalin den Bau der sowjetischen Wasserstoffbombe angeordnet hatte, *bevor* US-Präsident Harry S. Truman einen entsprechenden Beschluß faßte).[19]

Mit der II. Parteikonferenz wurde eine neue Phase des revolutionären Umwandlungsprozesses eingeleitet, und das hieß verschärfter Klassenkampf: völlige Zentralisierung der Verwaltung, strikte Umgestaltung der Justiz, Aufbau nationaler Streitkräfte, volle Verstaatlichung der Industrie und Teilkollektivierung der Landwirtschaft. Der Jubel der SED-Genossen auf der Parteikonferenz erwies sich allerdings als verfrüht, die optimistische Voraussage Ulbrichts binnen eines Jahres als schlichtweg falsch. Weder entsprach die wirtschaftliche Entwicklung noch das Bewußtsein der Arbeiter oder gar der Mehrheit der Bevölkerung der Aufgabenstellung, die Ulbricht lautstark in die Welt gerufen hatte, noch konnten dadurch irgendwelche Schwierigkeiten gemeistert werden. Keines der drückenden Probleme wurde gelöst, alle wurden extrem verstärkt. Im Zeichen des „Aufbaus des Sozialismus“ lief der erste Fünfjahresplan (1951–1955) weiter. Ohne Rücksicht auf die Schwierigkeiten eines rohstoffarmen, durch Krieg, Demontagen und Reparationen geschwächten Landes sollte eine bedeutende Schwerindustrie aus dem Boden gestampft werden. Hierfür ein Beispiel: Auf dem Gebiet der DDR waren 1936 1,2 Mio.

---

[19] Vgl. hierzu Steininger, Kalter Krieg, S. 16–23 und 103 ff.

Tonnen, 1946 nur noch 97.000 Tonnen Rohstahl produziert worden; im Rahmen des Fünfjahresplans hatte das Planziel für 1955 3,4 Mio. Tonnen gelautet; dies wurde jetzt herabgesetzt, und zwar auf 3 Mio. Tonnen für das Jahr 1953. Der zuständige Minister erklärte schon im Februar 1953, daß allein in seinem Bereich die Investitionen die Leistungsgrenze der gesamten Volkswirtschaft erreicht hätten.

Gleichzeitig wurde im Rahmen der Kasernierten Volkspolizei der Aufbau bewaffneter Streitkräfte beschleunigt vorangetrieben; bis Ende 1952 gab es sechs motorisierte Divisionen, dazu Luft- und Seestreitkräfte. Daneben entstanden die Organisation „Dienst für Deutschland" und die „Gesellschaft für Sport und Technik" mit fast 500.000 Mitgliedern. Die finanziellen Aufwendungen waren gewaltig und in keinem Haushalt vorgesehen. Allein für die Verteidigung und Aufrüstung wurden rund anderthalb Milliarden Mark ausgegeben, das waren zehn Prozent des Haushalts; hinzu kamen die sowjetischen Reparationsforderungen, weitere zehn Prozent. Die Frage war, woher diese Mittel genommen werden sollten. Zunächst wurde die Konsumgüter- und Lebensmittelindustrie vernachlässigt; ergänzend wurden rund 450 Mio. Mark aus dem Fonds für die Renten- und Sozialfürsorge genommen, d.h. ein Viertel dieser Kosten sollten die Ärmsten der Armen tragen, was im Zusammenhang mit dem Aufbau des Sozialismus wie Hohn wirken mußte. Die Konsumgüterindustrie hatte Ende 1952 den Vorkriegsstand noch nicht erreicht: jetzt sank der Lebensstandard weiter.

Das im Juli verkündete Programm bedeutete noch in anderer Hinsicht eine radikale Veränderung der gesellschaftlichen Struktur; es wurden reihenweise Maßnahmen durchgeführt, die den Alltag veränderten. Der Anteil der volkseigenen Betriebe wurde weiter gesteigert (20 Prozent 1946, 51 Prozent 1950). Die Gründung der „Landwirtschaftlichen Produktionsgenossenschaften“ (LPG) wurde forciert, manchmal glich dies einer Zwangskollektivierung. Großbauern, die die erhöhten Steuern nicht entrichten und das übersteigerte Ablieferungssoll nicht erfüllen konnten, wurde die Bewirtschaftung des Bodens untersagt und hohe Strafen gegen sie verhängt. Viele hielten dem Druck nicht stand und flüchteten in die Bundesrepublik (1951: 4.343; 1952: 14.141; 1953: 37.396, jeweils ohne Familienangehörige); 1952 waren bereits 13 Prozent der landwirtschaftlichen Anbaufläche „herrenlos“. Die neuen LPGs wurden steuerlich bevorzugt und außerdem mit Geräten, Vieh und Saatgut weit besser ausgestattet als die privaten Bauern. Dennoch wurde weit weniger produziert.

Eine der übelsten Maßnahmen der Stasi war im Frühjahr 1953 die „Aktion Rose“: Über Nacht wurden 440 Hotels und Pensionen sowie 181 Gaststätten, Wohnungen und Grundstücke entlang der Ostseeküste entschädigungslos enteignet. Das Ministerium des Innern, die (Nationale Volks)armee und nicht zuletzt das Ministerium für Staatssicherheit und einige ausgewählte SED-Genossen besaßen fortan die größten und schönsten Feriendomizile an der Küste. Sie, die völlige Zentralisierung des Ferienwesens und die Dauermangelwirtschaft zerstörten letztlich die historisch gewachsene kulturelle Struktur der Ostseeküste. Die Stasi war offensichtlich so angetan von ihrer Aktion, daß sie acht Jahre später für den Mauerbau in Berlin die gleiche Bezeichnung wählte: „Aktion Rose“.[20]

Insgesamt wurde der ideologische Druck in der DDR stärker, entsprechend der Stalinschen Doktrin, daß sich der Klassenkampf ständig verschärfe. Ziel war es, die in Wirtschaft und Politik vermuteten Widersacher auszuschalten.

---

[20] Vgl. Rolf Steininger, Der Mauerbau. Die Westmächte und Adenauer in der Berlinkrise 1958–1963, München 2001, S. 242 f.

Dies führte zu einem weiteren Anstieg der Fluchtbewegung: Wurden im ersten Halbjahr 1952 insgesamt 72.226 Flüchtlinge registriert, so waren es im zweiten Halbjahr bereits 110.167, von Januar bis Mai 1953 184.793, und bis Juli sollten es dann 320.000 sein. Dies war die höchste Jahresrate seit Gründung der DDR. Von den Flüchtlingen waren zwei Drittel Erwerbstätige, mehr als die Hälfte von ihnen unter 25 Jahre.

Gleichzeitig wurde eine radikale Verwaltungsreform durchgeführt: Die fünf Länder wurden aufgelöst, dafür einzelne Bezirke und mehr als 200 Kreise geschaffen. Straffung der Verwaltung und Kontrolle war das eine Ziel, Beseitigung des föderalistischen Prinzips das andere.

Bei der offen betriebenen „Revolution von oben“ kam der Strafjustiz die Aufgabe zu, als „Hebel der sozialen Umwälzung“ zu wirken. Mit dem im Oktober 1952 in Kraft getretenen „Gesetz zum Schutz des Volkseigentums“ wurde schlicht und einfach Justizterror ausgeübt. Das Gesetz forderte schon bei geringfügigsten Angriffen auf das Volkseigentum obligatorisch als Mindeststrafe ein Jahr Zuchthaus und führte dazu, daß tausende Arbeiter – etwa wegen Diebstahls von 2 kg Zement im Wert von 0,25 Pf – zu Zuchthausstrafen verurteilt wurden. Die Zahl der Strafgefangenen stieg bis zum Juni 1953 auf ca. 60.000 (in der Bundesrepublik mit 52 Mio. Einwohnern gab es 40.000 Gefangene). Das entsprach einer am 25. Oktober 1952 bei der 11. Arbeitstagung des DDR-Justizministeriums einstimmig angenommenen Resolution, in der es geheißen hatte: „Wir verpflichten uns, nicht neutral, sondern in bewußter Parteilichkeit für unseren Staat dessen Feinde entsprechend unserer neuen Gesetzgebung zu bestrafen.“ Dies war ganz im Sinne des neuen Gerichtsverfassungsgesetzes vom Oktober 1952, das mit folgendem Satz begann: „Die Rechtsprechung der Gerichte der DDR dient dem Aufbau des Sozialismus.“ Das hieß im Klartext – und die Praxis bewies es: Bei der DDR-Justizpolitik ging es einzig und allein um Machterhalt und Zweckmäßigkeitskalkül der SED.

Wer, wie etwa die evangelische Kirche, auf die negativen Folgen des forcierten Aufbaus der Grundlagen des Sozialismus aufmerksam machte, galt als Staatsfeind und betrieb Sabotage. Entsprechend wurde reagiert, wie Walter Ulbricht klarmachte:

> „Im Gebiet der Deutschen Demokratischen Republik hat sich die feindliche Tätigkeit der evangelischen Kirche verstärkt. Es wird versucht, aus christlichen Kreisen Sabotage- und Spionagezellen zu bilden und eine reaktionäre Führerschicht herauszubilden. Unsere Maßnahmen gegen die feindliche Tätigkeit der Kirchen konzentrieren sich gegenwärtig hauptsächlich gegen die illegalen Jugendverbindungen der Kirche wie ‚Junge Gemeinde' und andere."[21]

Reihenweise wurden Laienhelfer und Diakone verhaftet. In den ersten Wochen des Jahres 1953 waren die Anzeichen für die wachsende Unzufriedenheit der Menschen in der DDR unübersehbar geworden. Die Partei- und Staatsführung allerdings ignorierte sie nicht nur, sie dienten ihr vielmehr als Anlaß, den Kurs in Richtung Sozialismus zu verschärfen. Justizmaßnahmen wurden härter, die Flüchtlingswelle schwoll an. Da starb am 5. März Stalin. „Das Herz des größten Menschen unserer Epoche, des Genossen J. W. Stalin, hat aufgehört zu schlagen", wie das „Neue Deutschland" in dicken Lettern über einem Bild des Sowjetdiktators verkündete. Es gab Erschütterungen, Unsicherheit griff um sich. Die Frage war, wer würde die Nachfolge im Kreml antreten, welche Politik würde die Zukunft bestimmen?

---

[21] Mitter/Wolle, Untergang, S. 43.

In dieser Situation faßte das Zentralkomitee der SED einen folgenschweren Entschluß: Am 14. Mai wurde die Erhöhung aller Arbeitsnormen in den volkseigenen Betrieben um mindestens zehn Prozent bis zum 1. Juni angeordnet[22]; der Ministerrat beschloß entsprechend am 28. Mai, setzte als Frist jedoch den 30. Juni, den 60. Geburtstag Ulbrichts, der ganz im Stil des Stalinschen Personenkults gefeiert werden sollte. Schon am 17. Mai wurde der ZK-Beschluß in einem Bericht der „Täglichen Rundschau" bekannt; die Situation verschärfte sich, es kam zu ersten Unruhen und Streiks.

Wenige Tage später kam die Kehrtwendung: Am 9. Juni beschloß das SED-Politbüro einen „Neuen Kurs". Diese Entscheidung wurde in dem inzwischen berühmten Kommuniqué am 11. Juni veröffentlicht. Es gehe darum, so hieß es, die „Lebenshaltung der Arbeiter, Bauern, der Intelligenz, der Handwerker und der übrigen Schichten des Mittelstandes zu verbessern". Kein Wort vom weiteren Aufbau des Sozialismus, allerdings auch kein Wort von einer Rücknahme der zehnprozentigen Arbeitsnormenerhöhung, was die Sache offensichtlich noch schlimmer machte. Im Westen ist damals und auch später nicht erkannt worden, in welcher Weise dieser „Neue Kurs" die Parteimitglieder und die Bevölkerung in der DDR geradezu geschockt hat. Es gab weitverbreitete Enttäuschung, Ungläubigkeit, völlige Konfusion und Unruhe unter den Parteimitgliedern und in der Öffentlichkeit. Vielen erschien dieses Kommuniqué wie eine Bankrotterklärung der SED. Rudolf Herrnstadt, Politbüromitglied und Chefredakteur des „Neuen Deutschland", einer der schärfsten Kritiker Ulbrichts, hatte den neuernannten sowjetischen

[22] In der „Täglichen Rundschau" am 17. 5. 1953 veröffentlicht; abgedruckt bei Steininger, Deutsche Geschichte, Bd. 2, S. 240 f.

Hohen Kommissar Wladimir Semjonow am 10. Juni vergebens gebeten, mit der Veröffentlichung des Kommuniqués noch zwei Wochen zu warten, um die Bevölkerung auf den drastischen Kurswechsel vorzubereiten. Semjonow hatte dies abgelehnt und die Warnung hinzugefügt, daß es möglicherweise in 14 Tagen keine DDR mehr geben werde. Ein im Juli erstellter interner Bericht der SED über den 17. Juni vermerkt, daß weite Teile der Bevölkerung den „Neuen Kurs“ nicht verstanden, ihn als ein Zeichen der Schwäche und sogar als einen Sieg der Amerikaner oder der Kirche betrachtet hätten. Da halfen auch nicht „Argumentationshilfen“ wie jene der Kreisleitung der SED Saalfeld/Saale, nämlich:

> „Die Kraft und Stärke unserer Partei kommt gerade darin zum Ausdruck, daß sie zu begangenen Fehlern offen Stellung nimmt und daraus die notwendigen Schlußfolgerungen zieht. Diese Schlußfolgerungen bestehen im wesentlichen darin, die ganze Kraft der Partei und aller patriotischen Kräfte auf die Herstellung der Einheit Deutschlands und den Abschluß eines Friedensvertrages mit Deutschland zu konzentrieren und alles Trennende, was die Durchführung von Verhandlungen hemmen könnte, beiseite zu schieben. Die gegenwärtige Entspannung der internationalen Lage gibt auch dem deutschen Volk die berechtigte Aussicht zur Lösung des Deutschlandproblems auf dem Weg friedlicher Verhandlungen zwischen den Großmächten. […] Um eine starke Friedenswirtschaft aufzubauen, ist es notwendig, weitere patriotische Taten bei der Steigerung der Produktion zu vollbringen. Zur Festigung des Bündnisses der Arbeiterklasse mit den werktätigen Bauern gilt es vor allem, bei der rechtzeitigen und verlustlosen Einbringung der Ernte tatkräftig

Hilfe zu leisten, um dadurch zu einer schnelleren Verbesserung der Lebenslage der Bevölkerung beizutragen."[23]

2. Moskau und die SED

Erst seit der Wende 1989 wissen wir, wie es zu diesem radikalen Kurswechsel der SED-Führung gekommen ist. Die „Freunde" in Moskau hatten eingegriffen und Otto Grotewohl, Walter Ulbricht, Fred Oelßner (als Dolmetscher) Anfang Juni nach Moskau zitiert. Dort hatte das Zentralkomitee der KPdSU Ende Mai eine grundsätzliche deutschlandpolitische Diskussion geführt und die Lage in der DDR erörtert. Das Ergebnis war ein bis Ende 1989 geheimgehaltenes Memorandum „Über die Maßnahmen zur Gesundung der politischen Lage in der Deutschen Demokratischen Republik". Auf der Grundlage einer sachlich-kritischen Analyse der Lage in der DDR wurden darin mit „brutaler Offenheit" (Herrnstadt) Fehler und Mängel aufgedeckt; sie erhellen gleichzeitig die Hintergründe für eine Reihe grundlegender Ereignisse und Entscheidungen der Jahre 1952 und 1953.

Am 2. und 3. Juni 1953 fanden die Gespräche der SED-Genossen mit der KPdSU-Führung statt: Innenminister und Geheimdienstchef Berija, Bulganin, Chruschtschow, Kaganowitsch, Malenkow, Mikojan, Molotow, Semjonow sowie der neuernannte Oberbefehlshaber der sowjetischen Truppen in der DDR, Marschall Andrej Gretschko. Die Sowjets äußerten ihre tiefe Beunruhigung über die in der DDR entstandene Lage und übergaben der SED-Delegation das erwähnte Dokument.

[23] Mitter/Wolle, Untergang, S. 83.

Darin hieß es, daß infolge der Durchführung einer fehlerhaften politischen Linie in der DDR eine „äußerst unbefriedigende politische und wirtschaftliche Lage“ entstanden sei. Nach der II. Parteikonferenz sei „fälschlicherweise der Kurs auf einen beschleunigten Aufbau des Sozialismus“ genommen worden, mit schwerwiegenden Konsequenzen und Fehlern, die im einzelnen aufgelistet wurden. Die „politische und ideologische Arbeit unter Leitung der SED entspreche nicht den Aufgaben der Stärkung der DDR“. Das alles schaffe eine ernste Gefahr für die politische Beständigkeit der DDR. Und dann wurden Maßnahmen zur Verbesserung der Lage genannt. Der Kurs auf eine Forcierung des Aufbaus des Sozialismus wurde „für nicht richtig“ bezeichnet. Ein künstliches Aufbringen der LPGs sei einzustellen; alle bestehenden LPGs, die auf einer unfreiwilligen Basis geschaffen worden seien oder die sich als lebensunfähig erwiesen hätten, seien aufzulösen. Der Fünfjahresplan sei zu revidieren, Maßnahmen zur Stärkung der Gesetzlichkeit und Gewährung der Bürgerrechte zu treffen, mit einem „nackten Administrieren im Bezug auf die Geistlichen“ sei „Schluß zu machen und die schädliche Praxis der groben Einmischung der Behörden in die Angelegenheiten der Kirche“ sei „einzustellen“. Zur Zeit sei die Hauptaufgabe der „Kampf für die Vereinigung Deutschlands auf demokratischer und friedlicher Grundlage“.

Anschließend begann die Diskussion. Die sowjetischen Genossen forderten eine rasche, kräftige, offene Korrektur, eine Wende in der Politik, die Wirkung auf ganz Deutschland zeigen sollte. Als bezeichnend für die Diskussion notierte Grotewohl die Äußerung Berijas: „Wir alle haben die Fehler mitgemacht; keine Vorwürfe.“ Molotow meinte: „So viele Fehler, darum so korrigieren, daß ganz Deutschland es sieht.“ Und Malenkow: „Nicht Prestige fürchten; wenn wir jetzt nicht korrigieren, kommt eine Katastrophe.“

Am 5. und 6. Juni 1953 begann in Ost-Berlin mit Sitzungen des Politbüros des ZK der SED die intensive Auswertung der Reise und die Erörterung des Beschlusses des Politbüros des ZK der KPdSU. Das Ausmaß der sowjetischen Kritik und die energischen Forderungen zur Korrektur der seit Juli 1952 betriebenen Politik müssen auf die SED-Genossen bei ihrem Moskauaufenthalt wie ein Schock gewirkt haben. Grotewohl formulierte dies in der Sitzung des Politbüros mit den Worten, man habe bei den Beratungen in Moskau „einen schlechten Eindruck gemacht“. Und Herrnstadt notierte nach der Sitzung am 6. Juni:

> „Ich glaube, wir haben allen Anlaß, dem ZK der KPdSU dankbar zu sein, daß es wieder einmal den Mut und die Kraft fand, uns rechtzeitig vom falschen Weg zurückzurufen und auf den richtigen Weg zu stoßen.“

Der Oberbürgermeister von Ost-Berlin und Sohn des ehemaligen Reichspräsidenten, Friedrich Ebert, konnte sich nicht erinnern, in den letzten Jahrzehnten seines Lebens von einer Sache „so nachhaltig und so tief bewegt gewesen zu sein, wie von dem Inhalt dieses Dokuments, der sogar körperliche Schmerzen auslöste“.[24]

Was bedeutete das Dokument insgesamt? Was bedeutete der Hinweis auf die Wiederherstellung der nationalen Einheit? Die Fragen, die Ilse Spittmann in diesem Zusammenhang bereits 1993 gestellt hat, sind nach wie vor aktuell, nämlich:

[24] Das Protokoll dieser Sitzung, Grotewohls Mitschrift sowie Herrnstadts Notizen und Eberts Diskussionsrede zuerst veröffentlicht von Elke Scherstjanoi, Sozialismus; jetzt leicht zugänglich bei Steininger, Deutsche Geschichte, Bd. 2, S. 247–267.

> „War der von Moskau dekretierte neue Kurs 1953 der Auftakt für eine neue sowjetische Deutschlandpolitik mit glaubwürdigen Wiedervereinigungsangeboten unter Verzicht auf den Sozialismus in der DDR oder nur ein weiterer Versuch, den Aufbau der westlichen Militärallianz zu stoppen?“[25]

Trotz der bislang zugänglichen neuen Quellen sind diese Fragen nach wie vor nicht definitiv zu beantworten. Dennoch festigt sich immer mehr die Überzeugung, daß mit Blick auf das Frühjahr 1953 davon auszugehen ist, daß Berija tatsächlich „eine Übereinkunft über ein wiedervereinigtes Deutschland angestrebt hat“ – so selbst Gerhard Wettig[26], der ansonsten mit Blick auf die Ernsthaftigkeit der sowjetischen Deutschlandpolitik zu den größten Skeptikern gehört. Berija wurde am 26. Juni verhaftet. In der Anklageschrift gegen ihn hieß es, er habe „die Liquidierung der sozialistischen Entwicklung in der DDR, die Auflösung der Landwirtschaftlichen Produktionsgenossenschaften und die Umwandlung der DDR in einen bürgerlichen Staat“ angestrebt, „was die vollständige Kapitulation vor den imperialistischen Kräften bedeutet hätte“. Zusammenfassend heißt es: „Insgesamt nahm Berija eine negative Haltung zur Entwicklung des Sozialismus ein.“[27] Darüber, was ohne den 17. Juni in der Deutschlandfrage geschehen wäre, läßt sich nur spekulieren. Berija soll jedenfalls am 23. Dezember 1953 erschossen worden sein.

---

[25] Ilse Spittmann, Zum 40. Jahrestag des 17. Juni, in: *Deutschland Archiv* 26 (1993), S. 638 f.

[26] Gerhard Wettig, Neue Erkenntnisse über Berijas Deutschland-Politik, in: ebd., S. 1412.

[27] Vgl. George Bailey/Sergey A. Kondraschow/David E. Murphy, Die unsichtbare Front. Der Krieg der Geheimdienste im geteilten Berlin, Berlin 1997, S. 182.

Bekanntmachungen der Regierung der DDR

Maßnahmen der Regierung der Deutschen Demokratischen Republik zur Verbesserung der Lage der Bevölkerung sind von faschistischen und anderen reaktionären Elementen in Westberlin mit Provokationen und schweren Störungen der Ordnung im demokratischen Sektor von Berlin beantwortet worden. Diese Provokationen sollen die Herstellung der Einheit Deutschlands erschweren.

Der Anlaß für die Arbeitsniederlegung der Bauarbeiter in Berlin ist durch den gestrigen Beschluß in der Normenfrage fortgefallen.

Die Unruhen, zu denen es danach gekommen ist, sind das Werk von Provokateuren und faschistischen Agenten ausländischer Mächte und ihrer Helfershelfer aus deutschen kapitalistischen Monopolen. Diese Kräfte sind mit der demokratischen Macht in der Deutschen Demokratischen Republik, die die Verbesserung der Lage der Bevölkerung organisiert, unzufrieden. Die Regierung fordert die Bevölkerung auf:

1. Die Maßnahmen zur sofortigen Wiederherstellung der Ordnung in der Stadt zu unterstützen und die Bedingungen für eine normale und ruhige Arbeit in den Betrieben zu schaffen.
2. Die Schuldigen an den Unruhen werden zur Verantwortung gezogen und streng bestraft. Die Arbeiter und alle ehrlichen Bürger werden aufgefordert, die Provokateure zu ergreifen und den Staatsorganen zu übergeben.
3. Es ist notwendig, daß die Arbeiter und die technische Intelligenz in Zusammenarbeit mit den Machtorganen selbst die notwendigen Maßnahmen zur Wiederherstellung des normalen Arbeitsverlaufes ergreifen.

Die Regierung der Deutschen Demokratischen Republik
Otto Grotewohl, Ministerpräsident

Berlin, den 17. Juni 1953

*

Berlin (ADN). Im Interesse der unverzüglichen Normalisierung des Lebens führen die Organe der Verwaltung, der Wirtschaft und des Verkehrs in der Deutschen Demokratischen Republik und im demokratischen Sektor Berlins am 18. Juni ihre reguläre Tätigkeit durch.

Alle Arbeiter, Angestellte und Angehörige der Intelligenz nehmen zu den üblichen Zeiten ihre Beschäftigung ordnungsgemäß wieder auf.

Alle Geschäfte sind zu öffnen, damit der Handel wieder seinen ungestörten Fortgang nimmt.

Die Regierung der Deutschen Demokratischen Republik
Der Ministerpräsident
Otto Grotewohl

Berlin, den 17. Juni 1953.

„Neues Deutschland“ vom 18. Juni 1953.

3. Der Aufstand

Ein schwerer Fehler war offensichtlich, daß in dem Moskau-Papier von der Rücknahme der Arbeitsnormen nicht die Rede gewesen war (die dann auch nicht geändert wurden, wobei sich die Frage stellt, ob dies bewußt so geschehen ist). Die Arbeiter waren empört; entsprechend war ihre unmittelbare Reaktion, wobei die Forderungen teilweise bereits weiter gingen: „Wir wollen keine Lohnkürzungen, wir wollen Butter statt Kanonen, weg mit der SED-Regierung, die Ausbeuter der Arbeiterklasse. Freiheit!“, stand am 13. Juni im VEB Optima Erfurt am Schwarzen Brett.[28] Betriebsräte einer SED-Bauarbeiterkonferenz der Stalinallee-Baustellen riefen: „Den Kapitalisten macht Ihr Geschenke, uns beutet Ihr aus.“

Am 14. Juni warnte daher Rudolf Herrnstadt in einem Artikel des Parteiorgans „Neues Deutschland“, „es werde Zeit, den Holzhammer beiseite zu legen“; erst wenn die Arbeiter überzeugt seien, dürften Normenerhöhungen verbindlich werden. Zwei Tage später betonte dagegen Otto Lehmann – Ulbrichts Vertrauensmann im FDGB – in der Gewerkschaftszeitung „Tribüne“, die Beschlüsse über die Erhöhung der Normen seien „in vollem Umfang richtig“, müßten aufrechterhalten und durchgeführt werden.[29] Dieser Artikel wurde zum „Zünder für die Erregungswelle“, wie der stellvertretende DDR-Ministerpräsident Otto Nuschke (CDU) in einem Interview des RIAS das beschrieb, was nun folgte. Mehrere hundert Bauarbeiter von Block 40 der Stalinallee – die die SED-Führung zur „ersten sozialistischen Straße Deutschlands“ ausbauen wollte – waren entschlossen, gegen die Normerhöhung vorzugehen.

---

[28] Ebd., S. 84.
[29] Vgl. Dok. 4.

Mit einem Transparent „Wir fordern Herabsetzung der Normen“ marschierten sie am Morgen des 16. Juni zunächst zu den übrigen Baustellen der Stalinallee, um weitere Kollegen für die Demonstration zu gewinnen; etwa 2.000 Mann zogen anschließend zum Haus des FDGB-Vorstandes. Bei diesem Protestmarsch ging es eindeutig nur um die Rücknahme der Normenerhöhung. Da das FDGB-Haus verschlossen war, ging der Zug weiter zum Haus der Ministerien in der Leipziger Straße, dem ehemaligen Luftfahrtministerium. Dort versammelten sich dann etwa 10.000 Demonstranten im strömenden Regen. Industrieminister Fritz Selbmann und Robert Havemann – zu jenem Zeitpunkt Präsident des DDR-Friedensrats! – wurden ausge-

Kriegsrecht in Ost-Berlin
Panzer feuern auf Arbeiter

Über Hunderttausend revoltierten gegen die SED
Sieben Tote — 100 Verletzte im Westen eingeliefert

Von unserem Berliner Büro

W. Berlin, 17. Juni

Die Sowjets haben am Mittwoch um 13 Uhr zur Niederschlagung des offenen Aufruhrs der Ost-Berliner Bevölkerung gegen das SED-Regime über Ost-Berlin den Ausnahmezustand verhängt. Gleichzeitig zerschlugen sowjetische Truppen mit T-34-Panzern, unterstützt von Postenketten der kasernierten Volkspolizei, die Hauptdemonstrationsgruppen vor dem Regierungsgebäude in der Leipziger Straße. Sie eröffneten dabei aus Maschinengewehren und Karabinern das Feuer auf die Demonstranten, deren Zahl insgesamt auf rund 100 000 Personen geschätzt wird. Die blutigen Zusammenstösse ebbten erst gegen abend ab und fanden mit Einbruch der Dunkelheit ein Ende.

Von überhöhten Punkten West-Berlins aus konnte man kurz vor Mitternacht mit Nachtfernstechern bei relativ klarer Sicht in Ost-Berlin zahlreiche Lagerfeuer aufflammen sehen, die sich biwakierende Rotarmisten angezündet hatten. Überall an den Sektorengrenzen waren die sowjetischen Postenketten bis hart an die Westsektoren herangerückt.

Nach den am Mittwochabend in West-Berlin vorliegenden Informationen haben die Demonstrationen bisher sieben Todesopfer gefordert.

Die Zahl der Verletzten ist noch nicht zu übersehen. Allein in West-Berliner Krankenhäuser wurden bis zum späten Abend über 100 Ost-Berliner mit Schußwunden eingeliefert. Einige der getöteten Berliner erhielten Kopfschüsse, einer wurde von einem Panzer überrollt.

Die blutigen Zusammenstöße zwischen rund 10 000 Volkspolizisten und 3000 Rotarmisten einerseits und der Ost-Berliner Bevölkerung andererseits hatten sich aus den am Vortage von Bauarbeitern begonnenen Demonstrationen gegen das SED-Regime und für freie Wahlen entwickelt. Die Unruhen zogen sich den ganzen Tag über hin und nahmen von Stunde zu Stunde an Heftigkeit zu. Zwar mußten die Demonstranten vor den anrückenden Panzern und den Maschinengewehrsalven aus dem Regierungsviertel zurückweichen, doch ist die Lage angesichts der Erregung der Bevölkerung und des ausgerufenen Generalstreiks äußerst gespannt. In allen Betrieben, einschließlich der Verkehrsbetriebe und der Wasserwerke, ruht die Arbeit. Trotz des scharfen Vorgehens der Sowjets und der Volkspolizisten flackerten die Unruhen bis zum Beginn der Sperrstunde immer wieder auf.

„Die Welt“ vom 18. Juni 1953.

pfiffen, die Menge wollte Ulbricht und Grotewohl sehen. Etwa um 14.00 Uhr erklärte Selbmann, der Ministerrat habe die Normenerhöhung zurückgenommen.

Nun aber wurden politische Forderungen und Parolen laut: „Spitzbart, Bauch und Brille sind nicht des Volkes Wille“, „Freiheit“, „Nieder mit der Regierung“, „Wir brauchen keine Volksarmee“; „HO macht uns k.o.“; „Wir wollen Freiheit, Recht und Brot, sonst schlagen wir die Bonzen tot.“ Anschließend marschierten die Arbeiter zurück zur Stalinallee. Lautsprecherwagen verkündeten inzwischen den Beschluß des Ministerrates, allerdings in einer Form, die offenließ, ob die Normenerhöhung tatsächlich zurückgenommen worden war. Daraufhin besetzten Arbeiter einen dieser Lautsprecherwagen und forderten ihre Kollegen für den nächsten Tag zum Generalstreik auf; sie sollten sich am Strausberger Platz (Stalinallee) versammeln. Etwa um 17.00 Uhr war die Demonstration beendet, der Lautsprecherwagen wurde zurückgegeben, die Arbeiter gingen nach Hause.

Informationen über die Ereignisse in Ost-Berlin breiteten sich wie ein Lauffeuer aus, obwohl die Berichterstattung im RIAS zurückhaltend war: Das Wort „Generalstreik“ durfte nicht benutzt werden; den Bauarbeitern wurde keine Sprecherlaubnis erteilt. Genauso zurückhaltend war die Erklärung des Bundesministers für gesamtdeutsche Fragen, Jakob Kaiser. Er richtete an „jeden einzelnen Ostberliner und an jeden Bewohner der Sowjetzone die Mahnung, sich weder durch Not noch durch Provokationen zu unbedachten Handlungen hinreißen zu lassen. Niemand solle sich selbst und seine Umgebung in Gefahr bringen.“ Und weiter:

> „Die grundlegende Änderung eures Daseins kann und wird nur durch die Wiederherstellung der deutschen

Einheit und Freiheit erreicht werden. Gerade in diesem Augenblick, da die Politik um die Wiedervereinigung immerhin in Bewegung geraten ist, sollte sich niemand zu gefahrvollen Aktionen verleiten lassen. Denkt daran, daß wir uns unserer Verpflichtung für euch in jedem Augenblick bewußt sind. Wir werden den großen Mächten die Dringlichkeit einer raschen Lösung der deutschen Frage gerade jetzt mit besonderem Nachdruck vor Augen führen. Dabei brauche ich nicht zu betonen, daß sich jedermann in der Bundesrepublik und in der ganzen freien Welt mit euch in Solidarität verbunden weiß. Wir wissen den Sinn und wir wissen den Mut eurer Demonstrationen zu würdigen; wir bitten euch aber, im Vertrauen auf unsere Solidarität Besonnenheit zu wahren."

Am weitesten ging noch die Erklärung des Westberliner Gewerkschaftsvorsitzenden Ernst Scharnowski. Er rief zur Solidarität auf:

„Die Maßnahmen, die ihr als Ostberliner Bauarbeiter in voller eigener Verantwortung und ohne fremde Einmischung selbst beschlossen habt, erfüllen uns mit Bewunderung und Genugtuung. Ihr könnt diese Forderungen, gestützt auf die in der sowjetischen Besatzungszone geltenden menschlichen Grundrechte der Verfassung, mit vollem Recht verlangen. Eure Regierung hat selber diese Grundrechte beschlossen und damit auch für euch die Freiheit zum Kampf für bessere Arbeitsverhältnisse gestattet. Die gesamte Ostberliner Bevölkerung darf deshalb auf die stärksten und erfolgreichsten Gruppen der Ostberliner Arbeiterbewegung vertrauen. Laßt sie nicht allein. Sie alle kämpfen nicht nur für die sozialen Rechte der Arbeitnehmer, sondern für

BEFEHL

des Militärkommandanten des sowjetischen Sektors von Berlin

Betrifft: **Erklärung des Ausnahmezustandes im sowjetischen Sektor von Berlin**

Für die Herbeiführung einer festen öffentlichen Ordnung im sowjetischen Sektor von Berlin wird befohlen:

1. Ab 13 Uhr des 17. Juni 1953 wird im sowjetischen Sektor von Berlin der Ausnahmezustand verhängt.
2. Alle Demonstrationen, Versammlungen, Kundgebungen und sonstige Menschenansammlungen über 3 Personen werden auf Straßen und Plätzen wie auch in öffentlichen Gebäuden verboten.
3. Jeglicher Verkehr von Fußgängern und der Verkehr von Kraftfahrzeugen und Fahrzeugen wird von 9 Uhr abends bis 5 Uhr morgens verboten.
4. Diejenigen, die gegen diesen Befehl verstoßen, werden nach den Kriegsgesetzen bestraft.

Militärkommandant des sowjetischen Sektors von Berlin
Generalmajor Dibrowa

Berlin, den 17. Juni 1953

Am Abend des 16. Juni 1953 wird in Moskau der Beschluß gefaßt, den Aufstand in der DDR militärisch niederzuschlagen. Allein in Ost-Berlin setzen die Sowjets am nächsten Tag 600 Panzer ein.

die allgemeinen Menschenrechte der gesamten Ostberliner und ostzonalen Bevölkerung. Tretet darum der Bewegung der Ostberliner Bauarbeiter, BVGer und Eisenbahner bei und sucht eure Strausberger Plätze überall auf. Je größer die Beteiligung ist, desto machtvoller und disziplinierter wird die Bewegung für euch mit gutem Erfolg verlaufen."

Im übrigen sperrten in West-Berlin Polizisten die Zufahrtsstraßen zur Sektorengrenze. Der Regierende Bürgermeister Ernst Reuter hielt sich in Wien auf. Seine Bitte an die Amerikaner um einen Platz in einer Militärmaschine, um schnell nach Berlin zurückzukommen, wurde abgelehnt; eine Ansprache, in der er in russischer Sprache dazu aufforderte, nicht auf unbewaffnete deutsche Arbeiter zu schießen, durfte nicht gesendet werden.

Die neueren wissenschaftlichen Arbeiten zum 17. Juni auf der Basis der seit 1990 zugänglichen Akten zeigen, daß der Protest von Arbeitern ausgegangen und weitergetragen, aber sehr schnell in eine politisch motivierte Volkserhebung – unter Beteiligung der bäuerlichen Bevölkerung – übergegangen ist, die spontan aus den inneren Widersprüchen des Regimes hervorbrach. Vor allen Dingen aber – und das hatte man im Westen bis dahin nicht gewußt und macht jetzt erst deutlich, was für ein Schockerlebnis dieser 17. Juni für die SED-Führung blieb: Der Aufstand war flächendeckend! Die Unruhen erfaßten mehr als 500 Orte in der DDR (Grotewohl hatte von 270 gesprochen); zwischen 500.000 und einer Million Menschen haben sich beteiligt. In 593 Betrieben wurde gestreikt; die Zahl der Streikenden betrug über eine halbe Million – auch dies weit mehr, als bislang im Westen angenommen worden war. Die Zentren des Aufstandes waren Berlin, Halle, Leipzig, Merseburg, Magdeburg, Görlitz und Bitterfeld.

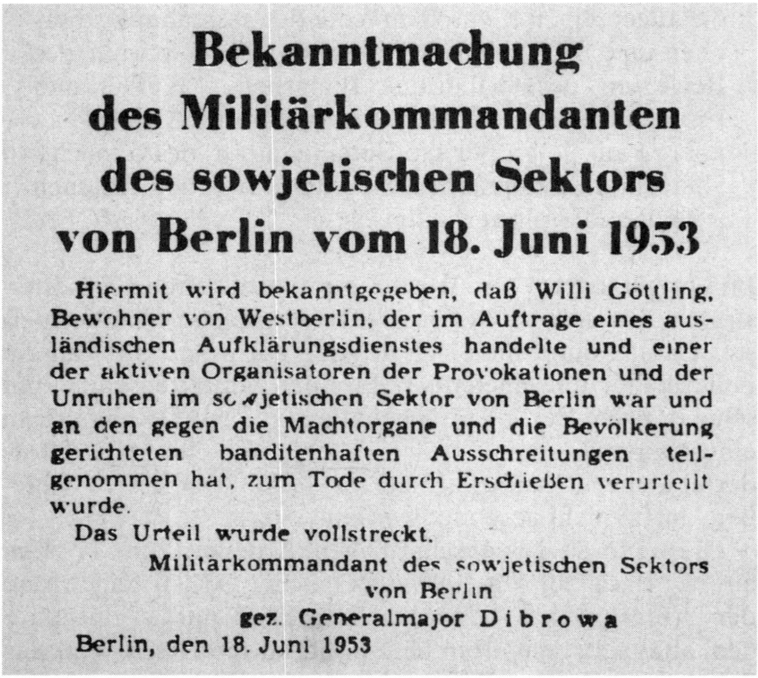

Bekanntmachung des Militärkommandanten des sowjetischen Sektors von Berlin vom 18. Juni 1953

Hiermit wird bekanntgegeben, daß Willi Göttling, Bewohner von Westberlin, der im Auftrage eines ausländischen Aufklärungsdienstes handelte und einer der aktiven Organisatoren der Provokationen und der Unruhen im sowjetischen Sektor von Berlin war und an den gegen die Machtorgane und die Bevölkerung gerichteten banditenhaften Ausschreitungen teilgenommen hat, zum Tode durch Erschießen verurteilt wurde.

Das Urteil wurde vollstreckt.

Militärkommandant des sowjetischen Sektors von Berlin

gez. Generalmajor D i b r o w a

Berlin, den 18. Juni 1953

Diese Bekanntmachung dient der Abschreckung.

Der Aufstand blieb nicht nur auf die Städte reduziert. Er verlief flächendeckend und formierte sich in den Dörfern lediglich später als in den großen Industriekomplexen. Die Kommunikation lief noch nicht über das Fernsehen. Einzelne große LPGs wurden bereits wieder aufgelöst. In mancher Dorfkneipe feierte man zu früh die Vereinigung und trank auf Adenauer. Ging es am Anfang noch um Normenerhöhungen, niedrige Löhne, schlechte Versorgung mit dem Notwendigsten und soziales Elend, so wurden daraus sehr schnell stark politisch motivierte Forderungen. Jetzt ging es um freie Wahlen, Redefreiheit, Vereinigung Deutschlands, um die Abschaffung des Systems an sich. Die Parolen lauteten: „Nieder mit den Normen“, „Russen raus!“, „Freiheit für politische Gefangene“, „Freie Wahlen“, „Wiedervereinigung“, „Es hat keinen Zweck, der Spitzbart muß weg“. Ab Mittag des 17. Juni kam es auch zu Plünderungen, Brandstiftungen und unkontrollierten Gefangenenbefreiungen. Gebäude wurden gestürmt, darunter neun Gefängnisse, aus denen insgesamt 1.317 Häftlinge befreit wurden.

In Ost-Berlin wurde vom sowjetischen Militärkommandanten am 17. Juni um 13.00 Uhr der Ausnahmezustand verhängt, in weiteren 13 Bezirks- und 51 Kreisstädten in den folgenden Stunden. Schließlich galt das Kriegsrecht in 167 von insgesamt 217 Stadt- und Landkreisen. Die Entscheidung über den massiven Einsatz sowjetischer Truppen war bereits am Abend vorher in Moskau getroffen worden. Gleichzeitig wurden der Deutschlandkenner und ehemalige SMAD-Chef Wassili Sokolowski und Marschall Leonid Goworow eingeflogen, um die Aktionen zu koordinieren. Sowjetische Panzer – allein in Ost-Berlin 600 – walzten den Aufstand nieder. Schußwaffen kamen in Ost-Berlin sowie in den Bezirken Potsdam, Dresden, Leipzig, Halle und Magdeburg zum Einsatz. Es gab insgesamt 125 Tote, darunter sieben Lynchmorde an Angehörigen der Kasernierten Volkspolizei, 33 Opfer starben an den Folgen von Schußverletzungen. Die vielfach kolportierte Geschichte, wonach 18 – manche sagen 40 – sowjetische Soldaten wegen Befehlsverweigerung standrechtlich erschossen worden seien, hat sich inzwischen als Legende herausgestellt. Es gab auch keine Verbrüderung sowjetischer Soldaten mit deutschen Arbeitern. Ob und wie viele sowjetische Soldaten starben, ist nach wie vor nicht bekannt. Traurige Wahrheit ist, daß in Leipzig der SED-Bezirkschef den Schießbefehl an die Volkspolizei erteilt hatte, bevor die Sowjets eingriffen. Sechs der 12 Todesopfer im damaligen Bezirk Leipzig gehen auf das Konto der Vopos.

4. Reaktion und Interpretation

Es war ein Aufstand gegen die SED, gegen die kommunistische Diktatur. Es ging nicht mehr nur um Anliegen der Arbeiter (Arbeitsnormen). Die seit langem aufgestaute Erbitterung gegen dieses Regime machte sich in einer spontanen Erhebung Luft. Im Grunde ging es um das, was ein Belegschaftsmitglied des Hydrierwerkes Zeitz auf einer Betriebsversammlung bereits am 16. April 1953 ausgerufen hatte: „Wir wollen leben wie die Menschen, weiter wollen wir nichts!" Die sowjetischen Panzer sorgten für „Ruhe und Ordnung". Was der sowjetische Partei- und Regierungschef Leonid Breschnew nach der Niederschlagung des „Prager Frühlings" 1968 verkündete und was als „Breschnew-Doktrin" in die Geschichte eingegangen ist, wurde von seinen Vorgängern erstmals in der DDR praktiziert: Einsatz militärischer Mittel, um den Sozialismus zu retten.

Im Führungsgremium der SED herrschte in den Tagen des Aufstandes ein desolater Zustand. Die Genossen waren handlungsunfähig. Lebensfremd und beschäftigt mit sich selbst wurden sie von den Ereignissen überrascht und brachten sich bei den Sowjets in Karlshorst in Sicherheit. Um so härter schlug man zurück, als sowjetische Panzer die Kontrolle wiederhergestellt hatten, obwohl die Streikwelle teilweise bis weit in den Sommer hinein weiterlief. Noch vom 15. bis 17. Juli legte z.B. im Buna-Werk ein Drittel der Belegschaft, fast 6.000 Menschen, die Arbeit nieder. Ähnlich im Carl-Zeiss-Werk in Jena. Dort lautete die erste von 33 Forderungen: „Freie, geheime Wahlen für die Einheit Deutschlands". In einer Zusammenfassung der Berichte der Bezirksleitungen vom 17. Juli befanden die SED-Genossen im ZK:

„Es ist auch jetzt noch festzustellen, daß in den Betrieben teilweise sogar in Belegschaftsversammlungen (wie z. B. in der Mechanischen Weberei in Zittau) provokatorische Forderungen nach Abschaffung der Aktivisten und Wettbewerbe, nach Entlassung der angeblich noch in der SU befindlichen Kriegsgefangenen u.a. gestellt werden. Auch die Forderung nach Bestrafung der ‚Schuldigen' und Rücktritt der Regierung sowie die Hetze gegen Walter Ulbricht und gegen seine Auszeichnung als Held der Arbeit tritt noch auf Die Hetze gegen die Gewerkschaften ist auch jetzt noch stark. Es gibt auch in den Berichten der Bezirksleitungen vom 17. 7. wieder Mitteilungen darüber, daß die Beitragszahlungen für FDGB verweigert werden. […] Es gibt auch noch Diskussionen darüber, daß es zwecklos wäre, Mitglied der Gewerkschaft zu sein, da die Gewerkschaft ja doch nicht die Interessen der Arbeiter vertritt."[30]

Bis zum 22. Juni waren 6.750 Personen in Ost-Berlin und in der DDR verhaftet worden; zu 65 Prozent kamen sie aus der Arbeiterschaft: amtliche Zahlen, die erst nach 1990 bekannt geworden sind. Es erfolgte auch der letzte massive Einsatz der sowjetischen Militärjustiz gegen DDR-Bürger: Innerhalb weniger Tage wurden 18 Todesurteile verhängt; zwei weitere, von der SED vollstreckte, folgten. Insgesamt wurden etwa 1.600 Personen verurteilt. Zu den ersten Angeklagten, die aus Gründen der Propaganda umgehend abgeurteilt worden waren, zählte der Westberliner Student Wolfgang Gottschling, der bereits am 22. Juni 1953 „wegen Rädelsführerschaft" zu acht Jahren Zuchthaus verurteilt wurde.

---

[30] Mitter/Wolle, Untergang, S. 128.

Befehl
des Militärkommandanten des sowjetischen Sektors der Stadt Berlin

11. Juli 1953 Berlin

Der am 17. Juni 1953 im sowjetischen Sektor der Stadt Berlin erklärte Ausnahmezustand wird mit dem 11. Juli 1953, 24 Uhr, aufgehoben.

Der Militärkommandant des sowjetischen Sektors der Stadt Berlin
Generalmajor Dibrowa

Die Propaganda zielte darauf ab, den Nachweis zu erbringen, daß „Agenten aus der Bundesrepublik“ und „faschistische Elemente“ den Aufstand vorbereitet und durchgeführt hätten. Das war dann der berühmt-berüchtigte „Tag X“, an dem der „konterrevolutionäre Putschversuch“ stattfand. Das blieb so bis zum Ende der DDR. „Wissenschaftlich“ klang das in der DDR dann so:

> „Die imperialistischen Kräfte [...] verfügten [...] innerhalb der DDR noch über ein verhältnismäßig breites und weitverzweigtes Agentennetz, das am Tag ‚X‘ in Erscheinung treten sollte. [...] Sie setzten [...] für den 17. Juni ihren Putschversuch an. [...] Aus Westdeutschland wurden nach Westberlin faschistische Elemente eingeflogen. [...] Durch ihre Agenten und andere gekaufte Subjekte, die vor allem von Westberlin aus massenhaft in die DDR eingeschleust wurden, gelang es den aggressiven Kräften des deutschen und amerikanischen Monopolkapitalismus, im demokratischen Sektor von Berlin und in einigen Orten der Republik Teile der Bevölkerung zur Arbeitsniederlegung und zu Demonstrationen zu bewegen.
>
> Am 16. und 17. Juni zogen Tausende faschistischer Schläger sowie viele irregeleitete Westberliner Jugendliche in organisierten Gruppen über die Sektorengren-

ze, verteilten Flugblätter und setzten Warenhäuser der HO und andere Gebäude am Potsdamer Platz und in weiteren Teilen des Berliner Stadtzentrums in Brand.

In mehreren größeren Städten drangen Horden von Provokateuren in Geschäfte, Büros demokratischer Organisationen und in staatliche Dienststellen ein, zerschlugen Fenster, Türen und Einrichtungen, legten Brände an und rissen die Fahnen der Republik und der Arbeiterklasse herunter."[31]

Entscheidend für die weitere Entwicklung war, daß die sowjetische Führung erneut auf die Gruppe um Ulbricht setzte. Dessen Kritiker Herrnstadt und Zaisser wurden aus dem Politbüro ausgeschlossen.

In der DDR wurde der „Neue Kurs" bekräftigt. Es gab so etwas wie die „innere Staatsgründung": Nach der „Peitsche" war jetzt „Zuckerbrot" angesagt. Die Produktion der Schwerindustrie wurde zugunsten der Konsum- und Nahrungsgüter gedrosselt, in den HO-Läden wurden die Waren um 10 bis 20 Prozent billiger.

Die „Kampfgruppen der Arbeiterklasse" wurden ausgebaut, um in Zukunft das Ausbrechen von Unruhen in den Betrieben zu verhindern. Gleichzeitig wurde eine zentrale Einsatzleitung für das Gesamtgebiet der DDR gebildet, die bis November 1989 existierte. Sie sollte bei „Gefährdung der öffentlichen Sicherheit" auf Anordnung des Ministerpräsidenten zusammentreten. Ihr gehörten auf der obersten Ebene der Ministerpräsident selbst, der Generalsekretär der SED sowie der Innenminister und der Chef der Volkspolizei an. Die Volkspolizei selbst wurde reorganisiert, so daß sie in Zukunft aus eigener Kraft „von Provokateuren organisierte Unruhen" niederschlagen sollte. Zu diesem

[31] Stefan Doernberg, Kurze Geschichte der DDR, Berlin (Ost) 1964, S. 222 f.

Zweck wurde die Bildung von Reserveabteilungen verfügt. Weiter hieß es: „Es sind Maßnahmen zu ergreifen, um bis Jahresende die Schutzpolizei vollständig mit Autos, Motorrädern mit Beiwagen, Polizei- und Stahlhelmen, als auch mit Wasserwerfern, Panzerspähwagen und Tränengasgranaten auszurüsten."[32]

Die Sowjets kündigten die Senkung der Besatzungskosten auf fünf Prozent des DDR-Haushaltes, den Verzicht auf Reparationen, die Rückgabe der restlichen SAG-Betriebe (u. a. Autowerke, chemische Betriebe, Kabelwerke) und das Ende der Tilgung von Auslandsschulden aus der Nachkriegszeit sowie umfangreiche Lebensmittellieferungen aus der Sowjetunion zum 1. Januar 1954 an.

5. Der Westen

Der Westen – Bonn, Washington, London – wurde nachweislich von den Ereignissen in der DDR überrascht. Es gab keinen Plan, wie man agieren sollte, wie Michael Gehler, Klaus Larres und Christian Ostermann eindrucksvoll nachgewiesen haben.[33] Dies war angesichts der westlichen und vor

---

[32] Mitter/Wolle, Untergang, S. 151.

[33] Vgl. Michael Gehler, Von der Arbeiterrevolte zur spontanen politischen Volkserhebung: Der 17. Juni 1953 in der DDR im Urteil westlicher Diplomatie und Politik, in: *Militärgeschichtliche Mitteilungen* 54 (1995), S. 363–415; Ders., Status quo-Denken auf breitester Basis: Der 17. Juni 1953, die Sowjetunion, die Westmächte und Adenauer. Darstellung, Literatur und Dokumente, in: *Informationen für den Geschichts- und Gemeinschaftskundelehrer* 56 (1998), S. 5–48; Klaus Larres, Neutralisierung oder Westintegration? Churchill, Adenauer, die USA und der 17. Juni 1953, in: *Deutschland Archiv* 27 (1994), S. 568–585. Christian Ostermann hat mehrere Aufsätze zu diesem Thema vorgelegt, zuletzt die hervorragende Dokumentensammlung: Uprising in East Germany 1953. The Cold War, The German Question, and The First Major Upheaval Behind the Iron Curtain, Budapest/New York 2001.

allem westdeutschen Propaganda, die die Destabilisierung der DDR zum Ziel hatte, um so erstaunlicher. Zahlreiche Organisationen waren in diesem Sinne im Einsatz.

Zu den bekanntesten gehörte die „Kampfgruppe gegen Unmenschlichkeit“, deren Ziel die Destabilisierung des Herrschaftsapparates der DDR war; die „nationale Aufgabe Nr. 1“ lautete demnach „Wiedergewinnung der sowjetischen Zone“, danach Wiedergewinnung des Gebietes jenseits von Oder und Neiße, kurz die Befreiung der Völker des kommunistischen Machtbereiches, „von der Elbe bis zur Beringstraße“. Mittel und Wege der KGU waren vielfältig: Nach Beginn des Koreakrieges und vor allem 1951/52 war es intensive Widerstandsarbeit in der DDR und Verbreitung von Propagandamaterial etc. (allein 1953 rd. 10 Mio. Flugblätter).

Ähnlich auch der RIAS, der „Rundfunk im amerikanischen Sektor“ von West-Berlin. Über dessen Bedeutung gibt es bis heute kein abschließendes Urteil. Der Sender hat die Menschen in der DDR und auch außerhalb Berlins schneller, umfassender und glaubwürdiger als alles andere informiert. Egon Bahr meint, die Stimmung sei insgesamt vom RIAS angeheizt worden.

Washington und London waren bestens informiert über die Ereignisse – und entschlossen, nichts zu tun. Die passive Hinnahme des Aufstandes etwa durch die USA und in ihrem Gefolge die demonstrative Zurückhaltung der Bundesregierung (nur mit Mühe konnte Adenauer von seinen engsten Beratern überredet werden, nach West-Berlin zu fahren) machte die Zahnlosigkeit der insbesondere vom neuen US-Außenminister John Foster Dulles proklamierten „roll-back“-Strategie – nicht mehr Eindämmung, sondern Zurückdrängung des Kommunismus und Befreiung der osteuropäischen Länder – überdeutlich: „roll-back“ war im Prinzip ein Konzept der leeren Worte.

Am Ende organisierten die Amerikaner für 15 Mio. Dollar Lebensmittelpakete für Ostberliner und DDR-Bewohner im Wert von 5 DM pro Person, die sie in West-Berlin abholen konnten (1 kg Mehl, vier Dosen Kondensmilch, ein Pfund Hülsenfrüchte, 800 g Schmalz). Bis Mitte August wurden mehr als 2,5 Mio. solcher Pakete ausgegeben.[34] Als Sowjets und SED begriffen, wie sehr diese Aktion die Spannungen in der DDR verschärfte, griffen sie ein. Für Bogdan Kobulow, den stellvertretenden Leiter des sowjetischen Auslandsnachrichtendienstes, war das Paketprogramm „eine ernste Bedrohung der Sicherheit und Stabilität der DDR". Er empfahl, den Verkauf von Eisenbahnfahrkarten nach Berlin einzustellen, um die Zahl der Paketabholer aus der DDR zu verringern. Tatsächlich sank sie nach Einführung der Maßnahmen von 20.000 bis 40.000 auf 8.000 Reisende pro Woche.[35] Festzuhalten bleibt: Die DDR-Bewohner hatten zu Recht auf Hilfe und Unterstützung während des Aufstandes gehofft – und wurden enttäuscht. So wie die Ungarn drei Jahre später wurden sie vom Westen im Stich gelassen.

Mit Beschluß des Bundestages wurde der 17. Juni am 4. August 1953 als „Tag der deutschen Einheit" gesetzlicher Feiertag in der Bundesrepublik. Man blieb damit auch bei dem am 10. Juni 1953 einstimmig verabschiedeten „Sofortprogramm zur Wiedervereinigung", in dem als Verhandlungsziel einer Viermächte-Konferenz gefordert worden war: 1. Abhaltung freier Wahlen in ganz Deutschland; 2. Bildung einer freien Regierung für ganz Deutschland; 3. Abschluß eines mit dieser Regierung frei vereinbarten Friedensvertrages; 4. Regelung aller noch offenen Territorialfragen in diesem Friedensvertrag; 5. Sicherung der Handlungs-

[34] Vgl. hierzu Dok. 84 und 93 bei Ostermann, Uprising, S. 359 f. bzw. 376–389.
[35] Vgl. Bailey/Kondraschow/Murphy, Front, S. 297.

freiheit für ein gesamtdeutsches Parlament und eine gesamtdeutsche Regierung im Rahmen der Grundsätze der Vereinten Nationen.

Die meisten Westdeutschen konnten mit dem 17. Juni schon bald nur noch etwas im Sinne einer sozialen Errungenschaft – ein zusätzlicher Feiertag – anfangen.

Der einzige Staatsmann im Westen, der nach dem Tod Stalins den Dialog mit der neuen sowjetischen Führung suchte, war der britische Premierminister Winston Churchill. Anfang Mai war er entschlossen gewesen, den direkten Kontakt mit Moskau herzustellen und notfalls eine, wie er es formuliert hatte, „einsame Pilgerfahrt" nach Moskau zu unternehmen zur Vorbereitung einer Gipfelkonferenz. Er schloß dabei ein neutralisiertes, wiedervereinigtes Deutschland als Teil einer Gesamtregelung mit der Sowjetunion zur Entschärfung bzw. Beendigung des Kalten Krieges nicht aus. Nicht nur in den eigenen Reihen im Foreign Office, auch in Washington und Paris wurden seine Aktivitäten mit Skepsis beurteilt; Adenauer war geradezu entsetzt.

Und dann kam der 17. Juni; für all jene, die am bisherigen Kurs in der Deutschlandpolitik festhalten wollten, ein Geschenk des Himmels. Als am 19. Juni die drei Kommandanten der Berliner Westsektoren auch im Namen der drei Hohen Kommissare in scharfer Form gegen das sowjetische Vorgehen protestierten, reagierte Churchill äußerst ungehalten. Er wollte wissen, wieso ein solcher Protest hinausgehen konnte, ohne daß er zuvor informiert worden war, und er stellte die Frage, ob dies impliziere, „daß die Sowjets ruhig zusehen sollten, wie die Ostzone in Anarchie und Aufruhr versinkt?" Er habe den Eindruck gewonnen, „daß sie angesichts der sich immer weiter ausbreitenden Unruhen sehr zurückhaltend reagiert haben". Ruhe und Ordnung waren offensichtlich auch bei Churchill entscheidend.[36] Und ohne

Amerikaner waren Gespräche mit den Sowjets nicht machbar. Gegenüber Churchill machte US-Präsident Eisenhower im Dezember 1953 in selten drastischer Sprache deutlich, was er von den Sowjets hielt. Für ihn war Rußland eine Hure, und völlig egal, ob sie neue Kleider anhabe oder die alten nur geflickt habe: sie bleibe dieselbe Hure. Die USA würden sie von ihrem jetzigen Strich wieder in den Hinterhof treiben.[37]

[36] Vgl. zu Churchill die Literaturangaben bei Steininger, Deutsche Geschichte, Bd. 2, S. 366.

[37] Vgl. John Colville, The Fringes of Power: 10 Downing Street Diaries, 1939–1955, New York 1985, S. 683.

Zweiter Teil: Das lange Ende

1. Entstalinisierung

In der DDR kursierte damals folgender Witz: Was ist am schwierigsten vorauszusehen? Die Antwort lautete: Die Vergangenheit. Da gab es immer wieder Überraschungen, so zum Beispiel im Jahr 1956. Im Februar rechnete Chruschtschow auf dem XX. Parteitag der KPdSU mit dem Stalinismus ab. In seiner berühmten Geheimrede, deren voller Wortlaut in der DDR erst 1990 veröffentlicht werden konnte, distanzierte er sich von den Verbrechen Stalins. John Foster Dulles nannte die Rede „die größte Verdammung des Despotismus, die je einem Despoten über die Lippen kam“.[38] Sie führte innerhalb der kommunistischen Parteien zu schweren Erschütterungen. Im Gefolge dieser Entstalinisierung kam es in Polen zu Unruhen, in Ungarn zur Revolution. Walter Ulbricht kehrte zwar selbst als erklärter Anti-Stalinist vom Parteitag in Moskau zurück; wer allerdings geglaubt hatte, daß auch auf der vom 24. bis 30. März 1956 stattfindenden 3. Parteikonferenz der SED die Entstalinisierung durchgeführt würde, sah sich getäuscht. Statt dessen stand ein Bericht Ulbrichts über den zweiten Fünfjahresplan 1956 bis 1960 und den „Aufbau des Sozialismus“ in der DDR im Mittelpunkt. Vorgesehen war eine industrielle Umwälzung auf der Basis der Ausnutzung der Atomenergie, der weitere Ausbau der Schwerindustrie, die Anhebung der industriellen Produktion auf wenigstens

[38] Ronald E. Powaski, Cold War. The United States and the Soviet Union, 1917–1991, New York/Oxford 1998, S. 102.

155 Prozent des Standes von 1955 mit einem Wachstum der Grundstoffindustrie und des Maschinenbaus um über 60 Prozent und der Konsumgüterproduktion um 40 Prozent. Die Formel sollte lauten: „Modernisierung, Mechanisierung, Automatisierung".

In einer internen Sitzung der Parteikonferenz wurden dann die Beschlüsse des XX. Parteitages der KPdSU diskutiert und akzeptiert. Dem ZK der SED wurde volles Vertrauen ausgesprochen. Karl Schirdewan meinte unter anderem:

> „Unsere Feinde erheben gegenwärtig ein wüstes Geschrei gegen das Zentralkomitee unserer Partei, um einen Keil zwischen die Partei und das Volk zu treiben. Die Ablehnung des Personenkults bedeutet keinesfalls eine Herabsetzung der Autorität der gewählten Leitungen, kein anarchistisches Verhältnis zu den Führern, die im Kollektiv eine große inspirierende und vorwärtstreibende Tätigkeit ausüben. In unserer Partei werden die fähigsten Funktionäre der Arbeiterklasse in die kollektiven Leitungen auf demokratische Weise gewählt. Die ganze Partei schart sich wie eine eherne Phalanx um das Zentralkomitee und seine kampferprobten Genossen. Die Versuche der Feinde, die Leistung des Genossen Walter Ulbricht, die er für die deutsche Arbeiterklasse gemeinsam mit den Genossen Wilhelm Pieck, Otto Grotewohl und dem gesamten Kollektiv der Parteiführung vollbringt, herabzusetzen, findet die entschlossene Ablehnung durch die ganze Partei."[39]

Es kam in der Folgezeit auch zu keinen grundlegenden personellen Veränderungen in der Partei- und Regierungsspitze – wie etwa in Polen und Ungarn. Die Ereignisse dort

---

[39] Archiv der Gegenwart, 1956, S. 5701.

Die SED hatte ihre eigenen „Zehn Gebote“.

wertete Ulbricht als Zeichen einer „Aufweichungstaktik des Imperialismus“. Offensichtlich zählte er dazu auch die zahlreichen Streiks und Demonstrationen, die es im Gefolge des XX. Parteitages in der DDR gab. Damals ging „das Gespenst einer allgemeinen Volkserhebung“ um. In einer Analyse des Ministeriums für Staatssicherheit vom 21. Juli 1956 hieß es:

> „Es werden vorwiegend in Industriebetrieben [...] gedruckte Flugblätter ausgelegt, Hetzlosungen angeschmiert und feindliche Argumente weitergegeben, die auf den Einfluß westlicher Rundfunkstationen hinweisen.“

Es gibt zahlreiche ähnliche Berichte. Dazu Armin Mitter und Stefan Wolle: „Wie ein tiefes Trauma durchzieht der 17. Juni 1953 alle diese Berichte. Das Datum nahm, in den Augen der Partei- und Stasileute, fast mythische Dimensionen an.“[40] Die Reaktion war eine neuerliche Verschärfung der politischen Repression. Mehr als 4.000 Menschen wurden als „Staatsverbrecher“ verhaftet. Innerparteiliche Opposition wurde erfolgreich ausgeschaltet, wie jene unter Führung von Wolfgang Harich, Chefredakteur der „Deutschen Zeitschrift für Philosophie“, Lektor beim Aufbau-Verlag, Theatermacher und SED-Parteiphilosoph an der Ostberliner Humboldt-Universität, und dem Leiter des Aufbau-Verlages, Walter Janka. Beide wurden zu hohen Zuchthausstrafen verurteilt. Walter Ulbricht konsolidierte jedenfalls seine Macht – auch innerhalb der Partei. Karl Schirdewan, Mitglied des ZK und des Politbüros, Ernst Wollweber, Chef der Stasi, und ZK-Sekretär Gerhard Ziller verloren ihre Funktionen. Sie hatten weitreichende Reformen und die Ablösung Ulbrichts gefordert. Ziller beging Selbstmord.

---

[40] So Mitter/Wolle, Untergang, S. 251.

Das Politbüro der SED beschloß im November 1956 „Maßnahmen zur Unterdrückung konterrevolutionärer Agitation". Da hieß es unter I:

> „Die Deutsche Demokratische Republik ist auf Grund des Warschauer Vertrages und des Moskauer Vertrages ein souveräner Staat. Daher ist sie verpflichtet, mit ihren eigenen Kräften die Ruhe und Ordnung auf ihrem Territorium aufrechtzuerhalten und alle konterrevolutionären Aktionen zu unterdrücken und zu zerschlagen."

Danach wurde der Einsatz bewaffneter Kräfte in drei Etappen unterteilt. Erst in der dritten Etappe, wenn es nicht gelingen sollte, mit eigenen Mitteln die „konterrevolutionären Aktionen" zu unterdrücken, war das „Eingreifen der Sowjetischen Truppen in Deutschland auf Anforderung durch die Regierung der Deutschen Demokratischen Republik vorgesehen".[41]

2. Mangelwirtschaft

Mitte bis Ende der fünfziger Jahre kam es in der Lebenssituation der DDR-Bevölkerung zu Verbesserungen. Das Angebot an Konsumgütern nahm zu, Ende Mai 1958 wurde die völlige Abschaffung der Lebensmittelkarten beschlossen. Auf dem V. Parteitag der SED im Juli desselben Jahres verkündete Ulbricht dann als Losung, die Bundesrepublik bis 1961 wirtschaftlich überholen zu wollen. Der Parteitag bezeichnete es als „ökonomische Hauptaufgabe, die Volkswirtschaft innerhalb weniger Jahre so zu entwickeln, daß die Überlegenheit der sozialistischen Gesellschaftsordnung gegenüber der kapitalistischen umfassend bewiesen

[41] Mitter, Auferstanden, S. 120 f. (vgl. Anm. 11).

wird".[42] Über den von der Volkskammer beschlossenen Siebenjahresplan hieß es am 1. Oktober im „Neuen Deutschland", Walter Ulbricht habe vor den Abgeordneten

> „das begeisternde Programm des Sieges der sozialistischen Gesellschaftsordnung entwickelt, das allen schaffenden Menschen ein glückliches Leben verheißt. Das Gesetz, zustande gekommen unter der Mitarbeit von Millionen Werktätigen in den Betrieben, der Landwirtschaft, in den wissenschaftlichen Forschungsstätten, stellt gigantische Aufgaben. Wissenschaftlich-technischer Höchststand, neue Großbetriebe, fruchtbare Felder, von modernen Maschinen bestellt, helle wohnliche Städte – glückliche Menschen: Das ist der Ausblick, der sich unserer Republik auftut. Als Walter Ulbricht am Schluß seiner Rede ausrief: ‚Das Reich des Menschen ist gekommen!' erhoben sich die Abgeordneten aller Fraktionen in einer Welle von Begeisterung von ihren Plätzen."[43]

Selten klafften Theorie und Praxis in der DDR so weit auseinander wie in den folgenden Jahren. Die sozialistische Wirtschaft sorgte dafür, daß die schlechte Versorgung mit Gütern und Dienstleistungen jeglicher Art das Dauerthema aller Alltagsgespräche in der DDR blieb. Das Wirtschaftswachstum der DDR ging kontinuierlich zurück, die Flüchtlingszahlen stiegen. Die Versorgungslage verschlechterte sich so dramatisch, daß sogar die Stasi ihre „tschekistische Arbeit" kurzfristig verschob, wie das „Kollegium" auf einer streng geheimen Sitzung im Ministerium für Staatssicherheit am 1. März 1961 beschloß. Dort stand die „Durchfüh-

---

[42] Protokoll der Verhandlungen des V. Parteitages der SED, Bd. 2, Berlin (Ost) 1959, S. 1357.
[43] „Neues Deutschland", 1.10.1959.

rung der Frühjahrsbestellung 1961 – Schlußfolgerungen für die Organisierung der politisch-operativen Arbeit" auf der Tagesordnung. Stasi-Chef Erich Mielke stellte klar, was Sache war:

> „Wir müssen sogar durch unsere IM [Inoffizielle Mitarbeiter] die Kontrolle über die zuständigen Organe des Staatsapparates ausüben, damit wir erreichen, daß sie die Beschlüsse über die Entwicklung der Landwirtschaft durchführen. Durch diese Tätigkeit verschieben wir vielleicht sogar etwas die tschekistische Arbeit, aber es ist notwendig, weil wir dadurch die Voraussetzung für die Festigung der LPG schaffen und sie uns die wirksame Feindbekämpfung erleichtert."

Als „entscheidende Voraussetzung für die Lösung der Aufgaben der Landwirtschaft" nannte er die „operative Arbeit der Staatsorgane an der Basis mit den LPG-Mitgliedern und Vorständen". Bei den „politisch-operativen Schlußfolgerungen" sollte u.a. ein gesonderter Abschnitt zu den „Fragen der Feindtätigkeit, besonders über die ideologische Diversion" aufgenommen werden.[44]

Was gemeint war, wurde in einem streng geheimen Memorandum des MfS vom 23. März 1961 über die „Lage auf dem Gebiet der Versorgung" mehr als deutlich. Da wurde auf den Beschluß des Präsidiums des Ministerrates über Maßnahmen zur Organisierung der Versorgung der Bevölkerung vom 10. November 1960 sowie auf einen weiteren Beschluß vom 5. Januar 1961 „Zur Erhöhung der Verantwortung der Räte in den kreisangehörigen Städten auf dem Gebiet des Handels und der Versorgung" hingewiesen, und daß auch entsprechende Maßnahmen eingeleitet worden

[44] Streng geheim. Persönlich. Protokoll über die Sitzung des Kollegiums am 1.3.1961, 14–18.50 Uhr. BStU, MfS, SDM 1902, 885.

seien, allerdings „in unterschiedlichem Umfang und mit verschiedenartigem Erfolg". Die Bilanz wurde jetzt aufgelistet: Fast überall gab es massive Versorgungsmängel, die, wie es hieß, „zu einer relativ breiten Unzufriedenheit unter der Bevölkerung geführt" haben. Es gab Schwierigkeiten in der Versorgung mit Schweinefleisch, Molkereiprodukten, Frischfisch, Kartoffeln, sogar bei Windeln. Wenn man diesen Bericht liest, erinnert man sich an die Bilder aus der DDR jener Zeit. Einige Zitate aus diesem Bericht: Da hieß es z. B.:

> „Das mangelnde Angebot an Schweinefleisch führt in mehreren Bezirken zu Schlangenbildungen vor den Fleischergeschäften, besonders am Wochenende. Dabei kommt es zu starken unzufriedenen Äußerungen über die unzureichende Warenbereitstellung, die auch für Speck und die verschiedensten Wurstsortimente zutrifft. Im Bezirk Cottbus kann z. Zt. nicht einmal Speck zu Rouladen verkauft werden."

Und weiter:

> „Die Bezirke machen weiterhin darauf aufmerksam, daß sich die Fehlpositionen in der eigenen Erfassung ständig erhöhen und daß in der Folge der Nichteinhaltung der Sauenbedeckungspläne und der Mastverträge sowie hoher Ferkelsterblichkeit und Viehverendungen mit einem weiteren Ansteigen der Rückstände gerechnet wird."

Als Ursache für den „unbefriedigenden Schweineauftrieb" wurde neben den „bekannten Mängeln in der Viehwirtschaft" angeführt, daß z. B. im Bezirk Schwerin die LPGs Typ III alle Schweine im Schlachtgewicht mit 110 kg zur Erfüllung ihres Planes zur Ablieferung brachten und die Tiere in den Mastanstalten auf Grund unzureichender Futtergrundlage auf Erhaltungsfutter gesetzt wurden. Als Aus-

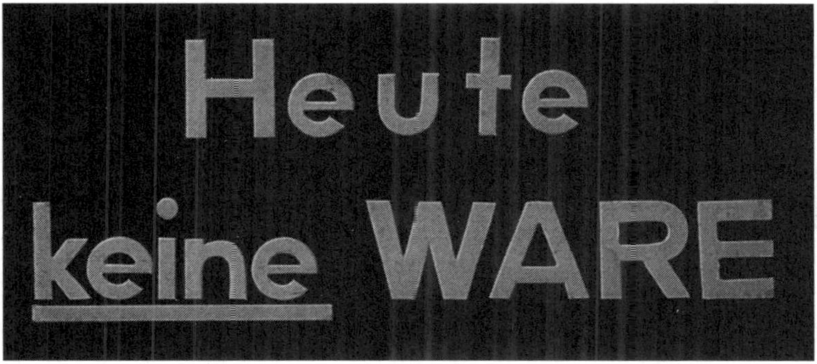

Ein bekanntes Schild im real existierenden Sozialismus der DDR.

gleich zum fehlenden Fleischaufkommen reichte auch der Frischfisch nicht aus, so daß es auch vor den Fischgeschäften mehrfach zu Käuferschlangen kam. „Im Kreis Lübz/Schwerin stehen die Kunden teilweise bereits vor 6 Uhr vor den Verkaufsstellen an." Bei Geflügel gab es das gleiche Problem; auch die Milchrückstände stiegen ständig an („mangelhafte Pflege der Kuhbestände und die Vernachlässigung der Aufzucht"), Trinkvollmilch – besonders in Flaschen abgefüllte – war ebenfalls „unzureichend erhältlich". In den Bezirken Halle und Potsdam gab es nach den Mittagsstunden „keine Vollmilch für Kleinstkinder". Magermilch, Kaffeesahne, Quark und einige Sorten Käse waren ebenfalls „unzureichend im Handel". Zur Stimmungslage hieß es:

> „Mehrfach wird von der Bevölkerung Unverständnis geäußert, daß z.B. bei Schmelzkäse ein Überangebot besteht, während Schnittkäse fast überhaupt nicht zu bekommen ist, obwohl die Rohprodukte für beide Warenarten die gleichen sind."

Selbst bei Eiern gab es eine „unzulängliche Bevorratung zum Osterfest". Alle Bezirke schätzten ein, daß das Fehlen von Edelspirituosen und Sekt „besonders während der Osterfeiertage und der bevorstehenden Feiern der Jugendweihe zu Unzufriedenheit unter der Bevölkerung führen wird“.

Am nachhaltigsten aber waren „die großen Lücken und Schwierigkeiten in der Kartoffelversorgung“. Mitropa-Gaststätten waren bereits mehrere Tage ohne Kartoffeln und konnten nur noch Teigwarengerichte anbieten. In manchen Bezirken waren Haushalte ohne Kartoffeln, die Situation geradezu dramatisch. Im Bezirk Karl-Marx-Stadt hatten die eingeleiteten Maßnahmen zur Einsparung von Kartoffeln und zur Verstärkung des eigenen Aufkommens zu keiner Veränderung der Situation geführt. Geringe Kapazitäten des Fuhrparks (u. a. Reifenmangel) kamen hinzu. Ähnliche Versorgungsprobleme gab es bei verschiedenen Textilerzeugnissen, Kinderbekleidung, Babywäsche, Kinderschuhen, etc. Einen besonders großen Engpaß gab es bei Windeln, was zu „unzufriedenen Äußerungen besonders junger Mütter“ geführt hatte. In Gera und anderen Bezirken gab es bereits ernste Schwierigkeiten in der Versorgung der Entbindungsheime und Krankenhäuser mit Windeln. Dies alles hatte „unzufriedene und vereinzelt auch provokatorische Diskussionen ausgelöst“. Zusammenfassend hieß es:

> „In den Diskussionen über die vorgenannten Probleme der Handelstätigkeit werden zunehmend Zweifel an der Erreichung der ökonomischen Hauptaufgabe zum Ausdruck gebracht, wobei stärker bestimmte Vergleiche mit der Westzone angestellt und zu ihren Gunsten erklärt werden. In landwirtschaftlichen Gebieten hat in diesem Zusammenhang auch die Argumentation wieder zugenommen, daß sich die Ernährungsgrundlage der DDR nach Gründung der Genossenschaften ver-

> schlechtert habe, was als Beweis für die ‚Überlegenheit' der bäuerlichen Einzelwirtschaft ausgelegt wird."

Allerdings – und das war wohl am wichtigsten: „Direkte provokatorische Handlungen im Zusammenhang mit den aufgezeigten Versorgungsschwierigkeiten sind nicht bekannt geworden."[45]

Unter diesen Umständen war es nicht verwunderlich, daß mehr und mehr Bewohner der DDR mit den Füßen abstimmten und das Land in Richtung BRD verließen, „r-flüchtig" wurden, wie es im Stasi-Jargon hieß. Es gingen nicht nur hochqualifizierte Facharbeiter, Techniker, Ingenieure und Ärzte, sondern ab 1960 auch wieder verstärkt Bauern als Reaktion auf die Anfang 1960 gestartete größte und letzte Kollektivierungskampagne. Bis zu diesem Zeitpunkt waren etwa 45 Prozent der landwirtschaftlichen Nutzfläche in LPGs zusammengefaßt. „Im sozialistischen Frühling auf dem Dorf", so Ulbricht, „vollenden die Bauern im Bund mit der Arbeiterklasse ihre Befreiung." Und die sah dann so aus:

> „Agitationstrupps versuchten, die Bauern mit Verheißungen und Drohungen zur Aufgabe der Selbständigkeit zu bewegen. Unwilligen drohten die vermeintlichen Werber in zum Teil tagelangen Verhören mit Haftstrafen und wirtschaftlichen Sanktionen. Ihre Methoden hatten Erfolg: Über 500.000 Bauern und Landarbeiter traten in den ersten drei Monaten des Jahres den bestehenden und neugegründeten LPGs bei. Die Vernichtung der Privatwirtschaft wirkte sich jedoch stark auf die Arbeitsmoral aus, die Erträge waren rückläufig. Landwirte steckten aus Protest gegen die Zwangsmaß-

---

[45] „Die Lage auf dem Gebiet der Versorgung" v. 23.3.1961; für geplante Präsidiumssitzung. BStU, ZAIG 494.

nahmen ihre Höfe in Brand und Tausende flohen in den Westen. Die Kirchen in der DDR, die Bundesrepublik in Bonn und verschiedene Hilfsorganisationen protestierten gegen die Zwangskollektivierung. Als ‚Großaktion der Barbarei' brandmarkten bundesdeutsche Zeitungen das Vorgehen der SED und berichteten ausführlich über Schicksale geflüchteter Bauern."[46]

3. Die Mauer

Bereits vor Gründung der DDR hatten Hunderttausende die Sowjetische Besatzungszone verlassen und waren über die „grüne Grenze" in den Westen geflüchtet. Diese Fluchtbewegung setzte sich in den folgenden Jahren fort und verstärkte sich. 1952 flüchteten etwa 200.000 Menschen, 1953 330.000. Dann gingen die Zahlen zurück, stiegen dann Ende der fünfziger Jahre aber wieder an: 1958 wurden 204.092 Flüchtlinge registriert, 1959 waren es 143.917, 1960 199.188, 1961 bis zum 13. August 155.402; allein im April 1961 waren es 30.000 gewesen. Die Zahl stieg nach dem 15. Juni 1961, als SED-Chef Walter Ulbricht auf einer Pressekonferenz erklärt hatte: „Niemand hat die Absicht, eine Mauer zu errichten!" Über allem hing nach wie vor die sowjetische Forderung nach einer „Freien Stadt" West-Berlin wie ein Damoklesschwert. Für viele DDR-Bewohner erhielt der Slogan „Westberlin wird freie Stadt, Westberlin wird dichtgemacht" mit Ulbrichts Satz jetzt erst richtig Sinn: Am 9. August 1961 wurde mit 1.926 „R-Flüchtlingen" die höchste Zahl registriert. Bis zu diesem Zeitpunkt waren seit Gründung der DDR etwa drei Millionen Menschen geflüchtet.

[46] Anne Martin, Herrschaftssicherung durch die SED, in: Einsichten, S. 86.

Von Anfang an war klar, daß diese Fluchtbewegung zum Zusammenbruch des „ersten Arbeiter- und Bauernstaates auf deutschem Boden“ führen mußte. Man hatte zwar nach Unterzeichnung des Deutschlandvertrages durch die Westmächte und Adenauer im Sommer 1952 die innerdeutsche Grenze abgeriegelt, aber West-Berlin war das Schlupfloch für DDR-Bürger geblieben. West-Berlin war die vielzitierte „offene Flanke der DDR“, Schaufenster und Vorposten des Westens zugleich, für viele auch Frontstadt, vor allen Dingen aber Fluchtweg: Wer aus der DDR flüchten wollte, brauchte nur in den Ostsektor Berlins zu fahren, um von dort aus mit der S-Bahn, der U-Bahn oder zu Fuß in die Westsektoren zu gelangen. Deshalb forderte die SED seit Anfang 1953 immer wieder von den Sowjets, entsprechende Kontrollen an der Sektorengrenze in Berlin einzuführen. Immer wieder wurde dies von den Sowjets abgelehnt. So ließ Außenminister Molotow Otto Grotewohl und Walter Ulbricht im März 1953 mitteilen, daß die von der SED vorgeschlagenen Maßnahmen zu einem totalen Chaos in Berlin mit seinen Millionen Einwohnern führen würden. Wörtlich hieß es da:

> „Die Wirtschaft der Stadt kommt durcheinander und – noch mehr – die Interessen der Bevölkerung nicht nur in West- sondern auch in Ostberlin würden betroffen und zu Bitterkeit und Unzufriedenheit bei den Berlinern führen mit Blick auf die Regierung der DDR und die sowjetischen Truppen in Deutschland; das wiederum wird möglicherweise von den drei Westmächten gegen die DDR und die Sowjetunion ausgespielt.“

Im übrigen würde eine solche Maßnahme die Wiedervereinigungspolitik der sowjetischen Regierung und auch der DDR ernsthaft in Frage stellen und die Beziehungen der Sowjetunion zu den USA, Großbritannien und Frankreich

60

24.7./2208 u-
3398-3401
82

SED
HAUSMITTEILUNG

AN	VON ABTEILUNG	DIKTATZEICHEN	DATUM	ERLEDIGUNGS-VERMERK
Genossen Walter Ulbricht	Sicherheitsfragen	Wa/Tr.	24.7.61	

Werter Genosse Ulbricht !

Als Anlage überreichen wir

eine Übersicht über den Umfang der Pioniermaßnahmen am westlichen Außenring von Berlin,

eine Information über das Grenzgängerproblem,

einen Bericht über die Lage in den Grenzkreisen und der Durchführung der Direktive des Sekretariats des Zentralkomitees vom 9.6.1960 durch die Bezirks- und Kreisleitungen,

den Plan der Maßnahmen zur vorfristigen Auffüllung der Deutschen Grenzpolizei und der Bereitschaftspolizei,

einen Bericht über die Kampf- und Einsatzbereitschaft der Kräfte des Präsidiums der Deutschen Volkspolizei in Berlin.

Mit sozialistischem Gruß

Wansierski
Wansierski

Anlagen

In Vorbereitung auch auf den Mauerbau.

24.7./2218 / 84

Abt. für Sicherheitsfragen   Berlin, den 24.7.1961

Übersicht

über den Umfang der Pioniermaßnahmen am westlichen Außenring von Berlin

---

Bisher sind 54,1 km Grenzlänge durch Sperren verdrahtet.

Noch zu sperren sind 92,2 km Grenzlänge.

Dazu werden benötigt :

473	to Stacheldraht
31,9	to Maschendraht
67oo	kg Bindedraht
33oo	kg Krampen
145	fm Holz
479oo	Stck. Betonsäulen

Die Fehlbestände ergeben sich aus nicht gelieferten Warenmengen aus dem Materialplan.

Wenn alle verfügbaren Materialien von den übrigen Grenzen für die Verstärkung am Ring um Berlin zur Verfügung gestellt werden, ergibt sich trotzdem ein Fehlbestand bei

Stacheldraht	3o3	to
Maschendraht	31,9	to
Bindedraht	17oo	kg
Krampen	11oo	kg
Holz	95	fm
Betonsäulen	21oo	Stück.

erschweren.[47] Das war eine interessante Argumentation mit Blick auf die sowjetische Deutschlandpolitik zu jenem Zeitpunkt. Der 17. Juni beendete offensichtlich auch das.

Ein weiterer Vorstoß der SED-Führung im Oktober 1960 – zwei Jahre nach dem sowjetischen Ultimatum[48] – wurde ebenfalls von Moskau zurückgewiesen. Zu diesem Zeitpunkt drängte die SED-Führung noch massiver, „das Tor zum Westen" zu schließen, um den Exodus der Bevölkerung zu stoppen und den Zusammenbruch der DDR zu verhindern.

Im Frühjahr 1961 wurden die SED-Forderungen noch drängender. Der sowjetische Botschafter in Ost-Berlin, Michail Perwuchin, schrieb am 19. Mai 1961 an Außenminister Andrej Gromyko, die ostdeutschen Freunde

> „möchten jetzt über die Sektorengrenze zwischen dem demokratischen Berlin und West-Berlin eine Kontrolle verhängen, die es ihnen ermöglicht, ‚das Tor zum Westen zu schließen', wie sie es nennen, den Bevölkerungsaderlaß der Republik zu reduzieren und die Aktionen wirtschaftlicher Diversion gegen die DDR zu schwächen, die unmittelbar von West-Berlin ausgehen".[49]

Am 3. und 4. Juni 1961 gab sich Chruschtschow in Wien gegenüber US-Präsident Kennedy entschlossen, geradezu brutal. Er überreichte ihm ein weiteres, auf sechs Monate befristetes Ultimatum mit den Worten:

> „Androhungen von Ihrer Seite werden uns nicht aufhalten. Wir wollen keinen Krieg; wenn Sie ihn uns aber aufzwingen sollten, wird es einen geben [...]. Beachten Sie

---

[47] Vgl. Ostermann, Uprising, Dok. 4, S. 50 f. (Das Dokument wurde von Hope Harrison entdeckt und ins Englische übersetzt.)
[48] Vgl. Steininger, Mauerbau, S. 41 ff.
[49] Bailey/Kondraschow/Murphy, Front, S. 419.

> also, Herr Präsident, daß dies unser unumstößlicher Entschluß ist und wir den Friedensvertrag [mit der DDR] im Dezember dieses Jahres unterzeichnen werden."

Die ins Deutsche übersetzte Version dieses Gesprächs wurde nach Ost-Berlin weitergeleitet, wo die Lage inzwischen immer kritischer wurde. Ende Juni meinte Ulbricht zu Perwuchin, „wenn die gegenwärtige Situation der offenen Grenze weiter bestehen bleibe, sei der Zusammenbruch unvermeidbar".[50] Vom Vorsitzenden des Präsidiums des Obersten Sowjet der UdSSR, Anastas Mikojan, war dem Politbüro der SED inzwischen klargemacht worden, daß sich die DDR als „der westliche Vorposten des sozialistischen Lagers" bewähren müsse. Die DDR, so Mikojan,

> „ist der westliche Vorposten des sozialistischen Lagers. Deshalb schauen viele, sehr viele auf die DDR. In der DDR wird sich unsere Weltanschauung ... beweisen müssen ... Die DDR, Deutschland ist das Land, in dem sich entscheiden muß, daß der Marxismus-Leninismus richtig ist ..., und weil das so ist, deshalb ist die Bewährung des Sozialismus in Deutschland nicht nur eure Sache allein."[51]

Vier Wochen später, am 7. Juli, mahnte Perwuchin in einem Schreiben an Außenminister Gromyko, daß ein Friedensvertrag und die Kontrolle der Verkehrswege nicht nur die Souveränität der DDR unterstreichen, sondern „auch die Voraussetzungen für die Lösung des viel akuteren Problems der DDR: dem Exodus der Bevölkerung nach Westdeutschland" schaffen würden. Im Juli flüchteten etwa 30.000, vom

[50] Julij A. Kwizinskij, Vor dem Sturm, Berlin 1993, S. 179.
[51] Vgl. Otto, Mauerbau, S. 19 f. (vgl. Anm. 4).

1. bis 13. August 48.000 Personen. Es entstand massiver Handlungsbedarf für die Führung in Moskau, die jetzt offensichtlich grünes Licht für die Mauer gab. Die Interessen der Westmächte sollten dabei nicht betroffen, keine der von Kennedy geforderten *essentials* verletzt und eine Verschärfung der Lage vermieden werden. Dafür sprach die Tatsache, daß der Oberkommandierende der sowjetischen Truppen in der DDR vorübergehend durch Marschall Iwan Konew ersetzt wurde. Eine Entscheidung, „mit der wir den Westmächten zeigen wollten, daß wir die Lage als ebenso ernst ansahen, wie sie es taten", wie Chruschtschow dies später begründete. Vor allen Dingen aber: Konew, seit dem 7. August in der DDR, machte am 10. August bei einem üblichen Empfang im sowjetischen Hauptquartier in Wünsdorf klar, worum es ging: den Vertretern der westlichen Alliierten versicherte er, „daß es sich bei den registrierten Truppenbewegungen um Schritte handle, die keinesfalls die Interessen der drei Mächte berühren würden".[52]

Am Abend des 11. August 1961, Freitag, fanden sich hochrangige Stasi-Offiziere bei ihrem Chef, „Genossen General" Erich Mielke, zum Befehlsempfang ein.

> „Heute", so Mielke, „treten wir in einen neuen Abschnitt der tschekistischen Arbeit ein. [...] In der jetzigen Periode wird sich erweisen, ob wir alles wissen und ob wir überall verankert sind. Jetzt müssen wir beweisen, ob wir die Politik der Partei verstehen und richtig durchzuführen in der Lage sind."

Eine außergewöhnliche, drastische Aktion stand bevor. Gegen die „Republikflucht" würden Maßnahmen getrof-

[52] Torsten Diedrich, Die militärische Grenzsicherung an der innerdeutschen Demarkationslinie und der Mauerbau 1961; in: Bruno Thoß (Hrsg.), Vom Kalten Krieg zur deutschen Einheit. Analysen und Zeitzeugenberichte zur deutschen Militärgeschichte 1945 bis 1995, München 1995, S. 135.

fen, „wobei besonders der Ring um Berlin der Schwerpunkt sein wird“. Hauptaufgabe sei:

> „größte Wachsamkeit üben, höchste Einsatzbereitschaft herstellen und alle negativen Erscheinungen verhindern. Kein Feind darf aktiv werden, keine Zusammenballung darf zugelassen werden.“

Die wichtigsten Partei- und Regierungsobjekte müßten ausreichend gesichert sein, die notwendigen Alarmmaßnahmen seien einzuleiten, Maßnahmepläne „zur schnellen und wirksamen Bekämpfung der Untergrundtätigkeit“ zu erstellen, wobei besonders Kirche, Presse und Jugend zu beobachten seien. Mielke abschließend: „Alle vorbereitenden Arbeiten sind unter Wahrung der Konspiration und unter strengster Geheimhaltung durchzuführen. Die gesamte Aktion erhält die Bezeichnung ‚Rose‘.“[53]

In der darauffolgenden Nacht vom 12. auf den 13. August begann die Aktion, die zu den einschneidendsten Ereignissen der deutschen Nachkriegsgeschichte gehört. SED-„Kampfgruppen der Arbeiterklasse“, Volkspolizei und Einheiten der Nationalen Volksarmee riegelten die Sektorengrenze zwischen Ost- und West-Berlin mit Stacheldraht ab. Mitten durch Berlin wurde „die Sperrwand eines Konzentrationslagers“ gezogen, wie das der Regierende Bürgermeister von West-Berlin, Willy Brandt, in einer emotionalen Rede vor dem Abgeordnetenhaus am selben Tag bezeichnete. Wenig später wurde aus dem Stacheldrahtverhau die Mauer, die Teilung der Nation im wahrsten Sinne des Wortes zementiert – und von den Deutschen in Ost und West auch so empfunden. Für den Vorsitzenden der CDU/CSU-Fraktion im Deutschen Bundestag, Heinrich Krone, war dieser 13. August „ein Schick-

[53] Vgl. Steininger, Mauerbau, S. 242 f.

salstag der deutschen Nation", wie er in sein Tagebuch schrieb.[54]

In den folgenden Wochen und Monaten überschlug sich die SED in ihrer Propagandakampagne zur Rechtfertigung des Mauerbaues. Immer wieder wurde auf die „friedensstiftende" Wirkung des „antifaschistischen Schutzwalls" hingewiesen. Das ZK der SED meinte Anfang Oktober 1961, am 13. August „haben wir den Frieden für das ganze deutsche Volk gerettet". Einige Leute im Westen hätten ihre Illusionen verloren, etwa jene, die DDR in einem „kleinen Krieg" überrollen zu können. Man könne die DDR weder erpressen noch überrollen: „Jede kriegerische Provokation gegen die Grenzen der DDR bedeutet die Auslösung des großen Krieges. Wer die Waffe gegen den deutschen Friedensstaat erhebt, gleich, wer es ist, wird vernichtet." Und mit Blick auf die „Frontstadt Westberlin": dieser „gefährliche Brandherd" sei unter Kontrolle gebracht worden; die Perspektive sei klar: „Westberlin muß eine entmilitarisierte Freie Stadt werden." Es habe sich gezeigt, daß „die DDR niemals zu besiegen ist". Die „westdeutschen Militaristen" hätten eine Offensive gegen die DDR, gegen den Sozialismus starten wollen; in der Offensive aber „sind das sozialistische Lager und alle Friedenskräfte".

In einem Schreiben an Chruschtschow konstatierte Ulbricht am 16. September bei breiten Kreisen der DDR-Bevölkerung „Freude darüber, daß den Feinden ein richtiger Schlag versetzt worden ist. Die Autorität der Staatsmacht der Deutschen Demokratischen Republik stieg im Bewußtsein der Menschen bedeutend." Allerdings meinte er auch, viele Leute hätten darüber gesprochen, daß sie nun mit ihren Verwandten nicht mehr regelmäßig verkehren

---

[54] Eintragung vom 30./31.12.1961, in: Adenauer-Studien III, hrsg. von Rudolf Morsey und Konrad Repgen, Mainz 1974, S. 165.

könnten. Ulbricht sah das anders. Seiner Meinung nach sei es diesen Leuten tatsächlich darum gegangen,

> „daß nun die Westorientierung zerschlagen ist, und es keinen anderen Weg mehr gibt, als sich auf die Arbeiter- und Bauern-Macht der DDR und auf das sozialistische Lager zu orientieren. Jene Bürger der Republik, die auf eine Wiedervereinigung Deutschlands durch ein unerklärliches Kompromiß zwischen den vier Mächten oder überhaupt durch irgendwelche ‚Konzessionen von beiden Seiten' gehofft hatten, waren jetzt gezwungen, die Fragen bis zu Ende zu denken, d. h., daß die Lösung der nationalen Fragen des deutschen Volkes die Überwindung des deutschen Imperialismus und den Sieg des Sozialismus in der DDR voraussetzt. Die Menschen haben in den Tagen nach dem 13. August gelernt, viele Fragen bis zu Ende zu denken."[55]

Je schriller die SED-Propaganda den Mauerbau begründete, um so deutlicher wurde, worum es bei den Absperrmaßnahmen wirklich ging, und was Bundeskanzler Adenauer in einer Erklärung am 13. August folgendermaßen beschrieben hatte, nämlich

> „weil das der mitteldeutschen Bevölkerung von einer auswärtigen Macht aufgezwungene Regime der inneren Schwierigkeiten in seinem Machtbereich nicht mehr Herr wurde. […] Der gesamten Weltöffentlichkeit wurde durch die Massenflucht aus der Zone tagtäglich gezeigt, unter welchem Druck die Bewohner stehen und daß ihnen das in der ganzen Welt anerkannte Selbstbestimmungsrecht nicht gewährt wird."

---

[55] Karl-Heinz Schmidt, Dialog über Deutschland. Studien zur Deutschlandpolitik von KPdSU und SED (1960–1979), Baden-Baden 1998, S. 187.

DEM GENOSSEN

IN WÜRDIGUNG GUTER TATEN
BEI DER ERFÜLLUNG
UNSERES MILITÄRISCHEN
KLASSENAUFTRAGES

BERLIN, ...

Zum „militärischen Klassenauftrag“ gehörte auch die Sicherung der „Staatsgrenze der DDR“. Bei dem Versuch, diese Grenze zu überwinden, starben bis zum Ende der DDR mehr als 1.000 Menschen.

So war es in der Tat.

Mit dem Mauerbau wurde ein System zementiert, und dies gleich im doppelten Sinne. Zum einen das System von Jalta, das die Interessensphäre der Sowjetunion auf der einen und der angelsächsischen Mächte in Europa auf der anderen Seite festgelegt hatte. Die offene Grenze in Berlin, die das Ausbluten der DDR ermöglichte, widersprach diesem System. Mit dem Mauerbau wurde die Teilung Deutschlands im wahrsten Sinne des Wortes jetzt zementiert und zu einem stabilen Element in einer instabilen Welt – und so von den Westmächten und der Sowjetunion akzeptiert. Das wurde damals auch jenen schmerzlich bewußt, die ihre Hoffnung in die Westmächte gesetzt hatten. Für den Vorsitzenden der CDU/CSU-Bundestagsfraktion, Heinrich Krone, war es „die Stunde der großen Desillusion".[56]

Zum anderen wurde das kommunistische System in der DDR zementiert; 17 Mio. Menschen wurden eingesperrt. Die Mauer sicherte zunächst einmal den Fortbestand der DDR; ohne sie war dieser Staat nicht überlebensfähig – sie war das eigentliche Wesen dieses Staates. Die Krise, die zur Mauer führte, war systemimmanent in der SED-Diktatur angelegt. Die sogenannte Friedenssicherung ging allerdings in erster Linie auf Kosten der DDR-Bewohner. Die Mauer, mit Zustimmung der Sowjets gebaut, war gleichzeitig die für alle sichtbare Bankrotterklärung des Sozialismus und blieb gleichzeitig für 28 Jahre die Existenzgrundlage der DDR – mit mehr als 1.000 Toten an der innerdeutschen Grenze und an der Mauer.

40 Jahre später, 2001, zwölf Jahre nach dem Fall der Mauer, erinnerten alle Parteien an den 13. August 1961.

---

[56] Tagebucheintragung vom 18.8.1961, in: Adenauer-Studien, S. 162 (vgl. Anm. 54).

Dabei traf es sich gut, daß der Jahrestag des Mauerbaus in den Berliner Wahlkampf fiel. Das Gedenken an das Geschehen vor 40 Jahren wurde überdeckt von der Debatte um die mögliche Regierungsbeteiligung der PDS in Berlin und um die grundsätzliche Auseinandersetzung mit der Nachfolgepartei der SED. Mit scharfen Worten geißelten SPD und CDU den Mauerbau. Bundespräsident Johannes Rau – der als Kanzlerkandidat 1986 noch bereit gewesen war, im Falle seiner Wahl zum Kanzler die DDR-Staatsbürgerschaft anzuerkennen[57] – nannte ihn ein „Verbrechen" der DDR-Führung gegen das eigene Volk. Für ihn war dies jetzt „das Kainsmal eines Regimes, das Machterhalt und Ideologie über Menschenrechte und Menschenwürde gestellt hat". Er und auch Bundeskanzler Gerhard Schröder widersprachen der Ansicht, der Bau der Mauer sei eine zwangsläufige Folge des Kalten Krieges gewesen, wie das die PDS in mehreren Erklärungen geäußert hatte. Auf einer Wahlkundgebung am früheren Grenzübergang „Checkpoint Charlie" kritisierten die Vorsitzenden von CDU und CSU, Angela Merkel und Edmund Stoiber, die SPD scharf wegen deren Überlegungen zur Zusammenarbeit mit der PDS in Berlin – die Anfang 2002 realisiert wurde –, gleichzeitig auch die PDS, weil sie nach Unionsmeinung die Politik der SED fortsetzte. Mit Blick auf die Mauerbau-Erklärungen der PDS meinte Frau Merkel, es sei im Grunde egal, ob sich die PDS für den Mauerbau entschuldige oder dazu nichts sage, solange ihr Parteiprogramm noch immer eine grundlegende Veränderung des gegenwärtigen freiheitlichen Systems der Bundesrepublik anstrebe.

[57] Vgl. Steininger, Deutsche Geschichte, Bd. 4, S. 121 f.

4. Stasi und Repression

Der Mauerbau ist auch als „zweite Geburt der DDR" bezeichnet worden – allerdings mit Fragezeichen versehen.[58] Gab es eine neue Chance? Mit dem Bau der Mauer wurde das „Schaufenster" West-Berlin geschlossen, der Flüchtlingsstrom aus der DDR gestoppt. Damit schienen die Voraussetzungen zur wirtschaftlichen und auch politischen Stabilisierung der DDR, des „ersten Arbeiter- und Bauernstaates auf deutschem Boden", wie sie sich selbst nannte, geschaffen. Ihre Bewohner konnten nicht mehr flüchten, mußten sich irgendwie einrichten und auf die neuen Realitäten einstellen. Man fand sich mit den bestehenden Verhältnissen ab und versuchte, das Bestmögliche aus einer bedrückenden Lage zu machen. Viele hofften dabei auf bessere Zeiten, die aber auf sich warten ließen. Nach Errichtung des „antifaschistischen Schutzwalles" – wie die Mauer im SED-Jargon hieß – wurde es zunächst einmal schlechter, vor allem für die Gegner der von der DDR durchgeführten „Maßnahmen". Gegen sie wurde rigoros durchgegriffen: Was jugendliche Kritiker des Mauerbaues betraf, gab sich Ulbricht in dem erwähnten Schreiben an Chruschtschow am 16. September 1961 geradezu zynisch:

> „Es gibt Jugendliche, die durch die westliche imperialistische Propaganda und Asphaltkultur stark verseucht sind. Ein Teil junger Werktätiger weigerte sich zu arbeiten und trieb sich auf den Straßen herum. Wir haben einen Teil von ihnen von der Straße weg in Arbeitslager transportieren lassen, zum Zwecke der Arbeitserziehung."[59]

---

[58] Otto, Mauerbau, S. 27 (vgl. Anm. 4).
[59] Schmidt, Dialog, S. 88.

Die Zahl der politischen Strafurteile vervierfachte sich im zweiten Halbjahr 1961 gegenüber dem ersten Halbjahr (von 4.442 auf 18.297). Das Politbüro des ZK der SED hatte bereits am 22. August 1961 „Maßnahmen zur Sicherung der Grenzen der DDR“ beschlossen – mit Schießbefehl! Unmißverständlich hieß es da, daß „jeder, der die Gesetze unserer Deutschen Demokratischen Republik verletzt – auch wenn erforderlich – durch Anwendung der Waffe zur Ordnung gerufen wird“. Gleichzeitig wurde eine Kampagne gegen „geistige Grenzgänger“ eingeleitet. Bei den Aktionen „Blitz kontra NATO-Sender“ und „Ochsenkopf“ (vom Ochsenkopf im Fichtelgebirge wurde das westdeutsche Fernsehprogramm in die DDR ausgestrahlt) stiegen FDJ-Brigaden auf die Dächer und zerstörten nach Westen ausgerichtete Antennen.

Gravierender aber war die Tatsache, daß auch noch ein Jahr nach dem Mauerbau die Wachstums- und Versorgungsschwierigkeiten nicht beseitigt werden konnten. Davon aber hing die Existenz der DDR-Diktatur ab. Hier setzte nun erstaunlicherweise SED-Chef Walter Ulbricht mit weitgreifenden Reformen insbesondere in der Wirtschaftspolitik an. Auf dem VI. Parteitag der SED vom 15. bis 21. Januar 1963 kündigte er das an, was in Führungsgremien der SED diskutiert worden war: Neuorientierung der Wirtschaftspolitik nach dem „Grundsatz des höchsten ökonomischen Nutzeffekts“ und der „materiellen Interessiertheit“. Ein halbes Jahr später beschlossen das Zentralkomitee der SED und der Ministerrat die „Richtlinie für das Neue Ökonomische System der Planung und Leitung der Volkswirtschaft“ (NÖS). Von nun an ging es um Steigerung der Arbeitsproduktivität, Nutzung von Wissenschaft als unmittelbare Produktivkraft und „Meisterung“ der „wissenschaftlich-technischen Revolution“ als Beweis der endgültigen Überlegenheit des Sozialismus gegenüber dem Kapitalismus, insbesondere jenem der Bundesrepublik. Ulbricht, der eingefleischte Stalinist, hatte früher und deutlicher als seine Widersacher erkannt, auf welchem Felde die Überlebenschancen des zehn Jahre später sogenannten „real existierenden Sozialismus“ – wenn überhaupt – zu suchen waren. Er bezeichnete das NÖS als die konkrete Anwendung und Weiterentwicklung der Leninschen Prinzipien der sozialistischen Wirtschaftsführung in einem hochentwickelten Industrieland.

Es war jetzt die Rede von Eigenverantwortlichkeit für die Betriebe, größerer Flexibilität in der Planung, Nutzung von Marktmechanismen, schneller Überführung moderner wissenschaftlicher Erkenntnisse in die Praxis, Entwicklung von Lehre und Forschung an den Hochschulen. Es ging darum, in einem hochindustrialisierten Land sozialistische Planwirtschaft zu verwirklichen. Das aber kam einer Quadratur des Kreises gleich, weil die politischen Strukturen unangetastet blieben.

Das galt auch für die Jugend-, Frauen- und Kulturpolitik, die sich im Zuge des NÖS offener gestalteten. Von der „neuen“ Kulturpolitik schien für die konservativen „Bremser“ um Erich Honecker die größte Gefahr auszugehen. Ein Ergebnis war der kulturpolitische Kahlschlag auf dem 11. Plenum des Zentralkomitees der SED im Dezember 1965. Hier war Honecker der Wortführer, der mit der offenen Politik seit 1963 abrechnete. Da war die Rede von „schädlichen Tendenzen“ in Filmen, Fernsehsendungen, Theaterstücken und literarischen Arbeiten. Der Liedermacher Wolf Biermann, der Schriftsteller Stefan Heym und der Professor Robert Havemann, der schon 1964 aus der SED ausgeschlossen worden war, wurden scharf angegriffen. In seinem Schlußwort meinte Walter Ulbricht, daß es sich dabei um eine Gruppe handle, „die einen politischen Kampf gegen die Arbeiter- und Bauern-Macht zielbewußt geführt hat und führt". Er ging dann auf einen Artikel ein, den Havemann im „Spiegel" veröffentlicht und in dem dieser die Zulassung einer parlamentarischen Opposition in der „Sowjetzone" gefordert hatte. Ulbricht:

> „Er fordert, daß in der ‚deutschen Sowjetzone' – wie es dort heißt – die Freiheiten gegeben werden, die in der bürgerlichen Gesellschaft des Westens bestehen. [...] Und dann stellt er die Frage: ‚Kann es auch im Sozialismus eine parlamentarische Opposition geben?' – d. h., er meint eine Oppositionspartei – und warum haben die Arbeiter kein Streikrecht oder – wenn sie nicht streiken wollen – warum können sie nicht wenigstens eine unfähige Betriebsleitung absetzen?"

Ulbricht fragte, ob allen Genossen klar sei, worum es gehe, nämlich nicht um Literatur oder höhere Philosophie, sondern

> „um einen politischen Kampf zwischen zwei Systemen – ich hoffe, daß das inzwischen klargeworden ist. [...] Also worum geht es? Um die Gewährung der Freiheiten in der DDR, die in der bürgerlichen Gesellschaft des Westens üblich sind."

Ulbricht weiter: „Aber wir haben viel weitergehende Freiheiten; wir haben nur keine Freiheit für Verrückte, sonst haben wir absolute Freiheiten überall." Kurt Hager machte einen Zwischenruf: „Und keine für solche Konterrevolutionäre!" Ulbricht definierte dann, was demokratische Freiheiten aus seiner Sicht waren, und er stellte die Frage:

> „Besteht die demokratische Freiheit darin, daß jemand unter dem Druck der Meinungsfabriken der Bourgeoisie alle vier Jahre einmal einen Stimmzettel abgeben darf, oder besteht die Demokratie in der ständigen Mit-

arbeit, in der Mitwirkung des werktätigen Volkes und darin, daß das werktätige Volk die Produktionsmittel besitzt und über sie verfügt?“

Es gehe jetzt darum, die prinzipiellen Fragen bis zu Ende zu diskutieren. Ulbricht weiter: „Einverstanden, wir nehmen den Kampf auf, wir sind gar nicht dagegen.“ [60]

Gleichzeitig wurden die Konsequenzen aus der ersten Phase des NÖS gezogen. Zwar waren wirtschaftliche Erfolge zu verzeichnen gewesen, aber die Entwicklung war hinter den optimistischen Erwartungen der Reformer zurückgeblieben: Die Steigerung der Arbeitsproduktivität verlief langsamer als gewünscht, und im Außenhandel erwies sich die wachsende Verflechtung mit der Sowjetunion als problematisch. Ein erfolgreicher Westhandel war unter diesen Bedingungen, wo die DDR hochwertige Fertigprodukte zum Ausgleich für sowjetische Rohstofflieferungen unter Weltmarktpreisen in die Sowjetunion exportieren mußte, nicht möglich. Dies war wohl mit ein Grund dafür, daß vor Beginn des 11. Plenums der Vorsitzende der Staatlichen Plankommission, Erich Apel, Selbstmord beging. Grundsätzlich aber hielt die SED am NÖS fest, nannte dies zwei Jahre später nur anders, nämlich „Ökonomisches System des Sozialismus“ (ÖSS). Hatte es vorher noch mit Blick auf die Bundesrepublik „einholen und überholen“ geheißen, so lautete die Formel jetzt „überholen ohne einzuholen“. Die Propaganda deckte die Realität zu. Und wenn Chefpropagandist Karl Eduard von Schnitzler, genannt „Sudel-Ede“, am Montagabend in seinem „schwarzen Kanal“ die Realität vollständig auf den Kopf stellte, schalteten die meisten sowieso auf Westfernsehen um.

---

[60] Zit. bei G. Agde (Hrsg.), Kahlschlag. Das XI. Plenum des ZK der SED 1965. Studien und Dokumente, Berlin 1991, S. 344 ff.

Gleichzeitig baute das Ministerium für Staatssicherheit seinen Repressionsapparat weiter aus. Der Staatssicherheitsdienst war „ein Hauptpfeiler der Politbüro-Diktatur".[61] Das Ministerium für Staatssicherheit war im Februar 1950 gegründet worden. Wie die Ereignisse vom Sommer 1953 gezeigt hatten, war es seiner eigentlichen Aufgabe, nämlich das Machtmonopol der SED zu sichern, nicht gerecht geworden. Die Verhaftungsaktionen hatten die Stimmung im Frühjahr 1953 sogar noch verschärft. Erst am Vorabend des 17. Juni war sich Stasi-Chef Wilhelm Zaisser offenbar des Ernstes der Lage voll bewußt geworden. Seine Feststellung am nächsten Tag: „Es geht darum, wir oder sie" war zwar richtig und galt bis zum Ende der DDR, kam für ihn aber zu spät. Mit der Verhaftung Berijas wurde auch Zaisser entmachtet: Im Juli 1953 wurde er wegen „parteifeindlicher fraktioneller Tätigkeit" aus dem Politbüro und dem ZK der SED ausgeschlossen und als Minister abgesetzt. Seinem Nachfolger Ernst Wollweber ging es ähnlich. Er geriet 1956/57 in Widerspruch zu Ulbricht und Honecker und wurde 1957 krankheitshalber und „auf eigenen Wunsch" pensioniert.

Jetzt schlug die Stunde des Erich Mielke, der bis dahin als Staatssekretär im Ministerium für Staatssicherheit tätig gewesen war und nun dessen neuer Chef wurde. Mit Mielke begann ein neuer Abschnitt in der Geschichte des Ministeriums. Er übernahm 14.000 hauptamtliche Mitarbeiter, zehn Jahre später waren es 33.000, 1977 66.000, 1989 91.015, und dazu kamen noch 170.000 sogenannte Inoffizielle Mitarbeiter (IM). Am Ende der DDR kamen damit auf 180 Bürger ein hauptamtlicher Stasi-Mann und zwei inoffizielle Mitarbeiter. Der Sicherheitswahn der SED-Führungsclique war

---

[61] Klaus-Dietmar Henke, Staatssicherheit, in: Werner Weidenfeld/Karl-Rudolf Korte (Hrsg.), Handbuch zur deutschen Einheit, Bonn 1999, S. 721.

nahezu grenzenlos – und half am Ende doch nicht. In keinem anderen Land des Ostblocks gab es bezogen auf die Einwohnerzahl mehr Spitzel als in der DDR: In der Sowjetunion lag das Verhältnis bei 1:595, in der Tschechoslowakei bei 1:867 und in Polen bei 1:574. Damit hatte sich das MfS – gemessen an der Bevölkerungszahl – zum wohl größten geheimpolizeilichen und geheimdienstlichen Apparat der Weltgeschichte (Jens Gieseke) entwickelt. Allein in der Zentrale in Ost-Berlin beschäftigte das MfS 33.000 Mitarbeiter; ferner gab es 15 Bezirksverwaltungen und 290 Kreisdienststellen. Darüber hinaus gab es Ämter in Betrieben, Kasernen, Hochschulen, Haftanstalten usw. Vorrangige Aufgabe war die innere Sicherheit des Herrschafts- und Gesellschaftssystems der DDR durch die Überwachung aller Lebensbereiche der Bürger. Die Stasi war vielfach für das persönliche Elend des Einzelnen in der DDR verantwortlich; sie war das Vollstreckungsorgan der alles beherrschenden SED-Diktatur und agierte im rechtsfreien Raum. 1985 drohte Erich Mielke:

> „Wer die Hand gegen unseren sozialistischen Staat und seine auf das Wohl des Volkes und die Sicherung des Friedens gerichtete Politik erhebt, bekommt die sozialistische Macht gebührend zu spüren. Gegen Feinde – unter welcher Tarnung sie auch glauben, gegen die sozialistische Ordnung operieren zu können – werden wir auch weiterhin konsequent vorgehen.“[62]

Mielkes „VEB Greif und Horch“ war das „Schild und Schwert der Partei“, das Daten von etwa sechs Millionen Menschen sammelte. Die Aktenbestände betrugen 1989 aneinandergereiht 200 Kilometer. Die Stasi war eine omnipotente Superbehörde, die fast alles und jeden kontrollier-

[62] Zit. bei Anne Martin, Ausbau des MfS, in: Einsichten, S. 185.

te, flächendeckend Telefonate abhörte, Briefe öffnete, „Wanzen“ installierte, konspirative Wohnungen errichtete, über banalste Dinge Aktenvermerke anlegte, sogar Geruchsproben in Einweckgläsern aufbewahrte, um Hunde auf „Staatsfeinde“ ansetzen zu können. Sie verfügte über ca. vier Mrd. Mark Jahresetat, 836 Wohnhäuser und 1.819 Dienst-, Sport- und Erholungseinrichtungen. Sie arbeitete auch mit der westdeutschen Terrorgruppe RAF zusammen. Regimegegner konnten selbst im engsten Familien- und Freundeskreis vor Bespitzelungen nicht sicher sein. Erst später wurde bekannt, daß die Stasi die Errichtung von Internierungslagern geplant hatte; verurteilte „Staatsverbrecher“ sollten dort ebenso gefangengehalten werden wie Personen, die wegen ihrer Ausreiseanträge aufgefallen waren. Die Liste hatte am 13. November 1989 mehr als 10.000 mögliche Opfer umfaßt.

Die Kirchen waren dabei der besonderen Aufmerksamkeit der Stasi sicher. Von Mielke wurden sie als „legale Organisation des Gegners“ gesehen. Gegner waren Feinde des Staates und die, so hatte Mielke im „Kollegium“ schon am 1. März 1961 gesagt, „müssen schonungslos bekämpft werden. In der Beurteilung des Feindes dürfen die Mitarbeiter nicht die Schärfe verlieren.“[63] Die Zermürbungstaktik der „Staatsorgane“ zeigte Wirkung: Waren nach dem Krieg etwa 82 Prozent der Einwohner im Osten evangelisch und 12 Prozent katholisch, so waren beim Mauerfall nicht einmal mehr ein Viertel der DDR-Bürger evangelisch, nur noch drei Prozent katholisch.

Es ging um Bespitzelungen, Denunziationen, Erpressungen, Zerstörung der Existenz von Menschen durch physische und psychische Mißhandlung, Freiheitsentzug sowie Beschädigungen der Gesundheit bis hin zum Mord.

---

[63] S. Anm. 44.

5. „Einheit von Wirtschafts- und Sozialpolitik“

Die Ostpolitik der Brandt/Scheel-Regierung brachte ein neues Element in die deutsch-deutschen Beziehungen, mit weitreichenden Konsequenzen für die DDR. Der SED-Staat wurde am Ende destabilisiert, auch wenn das nicht Ziel der Ostpolitik war. Emotionaler Höhepunkt in der ersten Phase dieser Entwicklung war zweifelsohne der Besuch von Willy Brandt in Erfurt im März 1970. Anfang April 1970 analysierte die SED-Führung dieses Treffen und kam zu dem Ergebnis, daß, wie es hieß, „die Gefahr des Eindringens des Nationalismus in die DDR (wächst)“. Abgrenzung würde demnach not tun. Aber es wurde auch festgestellt, daß für die DDR auf Dauer die Vorteile überwiegen würden. Walter Ulbricht sah das offensichtlich anders und wurde mit Zustimmung Breschnews im Mai 1971 gestürzt. Der Preis, den die Honecker-Gruppe für den Wechsel zahlte, bestand in der bedingungslosen Anpassung an die Linie der KPdSU.

Das betraf zunächst die Deutschlandpolitik. Bei seinem Antrittsbesuch als neuer Erster Sekretär des ZK der SED in Moskau am 18. Mai 1971 bekräftigte Honecker, die Stärkung der DDR könne nur in „der engsten politischen, ökonomischen und ideologischen Zusammenarbeit“ mit der Sowjetunion und den anderen Verbündeten des Warschauer Paktes erfolgen. Honecker wörtlich: „Wir sind uns mit aller Deutlichkeit bewußt, daß es für uns keinen anderen Weg gab, gibt und geben wird.“ Dazu gehörte eben auch die Abgrenzung zur BRD. Der SED-Chef machte klar, daß es nicht beabsichtigt sei, „irgendwelche neuen Dialoge zu organisieren“; in prinzipiellen Fragen würden keine Kompromisse zugelassen. „Im Gegenteil, gesamtdeutsche Volksfeste liegen nicht im Interesse der Entspannung.“ Überdies versprach er, „die Werktätigen im Geist der klassenmäßigen Abgrenzung von der BRD“ zu erziehen; „negative Tendenzen sowohl in der nationalen Frage als auch hinsichtlich gesamtdeutscher Illusionen“ werde man nicht zulassen. Er war davon überzeugt, „daß die Zeit für uns arbeiten wird“.[64]

Für diese Art der Abgrenzung erhielt Honecker drei Jahre später Lob von Breschnew persönlich. Wie Breschnew sich die Weiterentwicklung im deutsch-deutschen Verhältnis vorstellte, offenbarte er 1974 gegenüber dem neuen SED-Chef. Er versicherte ihm, im Politbüro und im Sekretariat des ZK der KPdSU oft gesagt zu haben, in der DDR werde mit der Jugend sehr gut gearbeitet:

> „Das ist die Zukunft der DDR. In dem Maße, wie die alte Generation abtreten wird, wird sich auf natürliche Art die Abgrenzung zwischen der DDR und der BRD verstärken. Euere Jungen Pioniere werden dereinst die BRD so ansehen, wie wir die USA. Das alles läßt sich jedoch nicht in 1–2 Jahren erreichen. Ich meine den normalen, natürlichen Prozeß.“[65]

Das blieben Wunschvorstellungen, sowohl in der Deutschlandpolitik, vor allem aber in der Wirtschaftspolitik. Als „Hauptaufgabe“ des neuen Fünfjahresplans 1971–1975 wurde auf dem VIII. SED-Parteitag im Juni 1971 formuliert:

> „Weitere Erhöhung des materiellen und kulturellen Lebensniveaus des Volkes auf der Grundlage eines hohen Entwicklungstempos der sozialistischen Produk-

---

[64] „Information über das Treffen der Partei- und Regierungsdelegation der UdSSR und der DDR am 18. Mai 1971 in Moskau“, zit. in: Schmidt, Dialog, S. 295 f.

[65] Gespräch am 18. Juni 1974 in Moskau; ebd., S. 294.

tion, der Erhöhung der Effektivität, des wissenschaftlich-technischen Fortschritts und des Wachstums der Arbeitsproduktivität."

Das hörte sich gut an. Tatsächlich aber kehrte die SED damit „im Schulterschluß mit der KPdSU zu den Dogmen der politischen Ökonomie Stalins zurück", wie es Hans-Hermann Hertle formuliert hat.[66] Das bedeutete im Klartext: Rund 11.400 Privatbetriebe oder mit staatlicher Beteiligung geführte Betriebe mit bis zu 500 Beschäftigten und industriell produzierende Genossenschaften des Handwerks, die insgesamt bis zu 40 Prozent der Konsumgüter herstellten, wurden bis Mitte 1972 in volkseigene Betriebe umgewandelt. Am 13. Juli 1972 meldete Erich Honecker gegenüber Breschnew jedenfalls Vollzug. Über die genauen Motive für diese weitreichende Entscheidung kann man nach wie vor nur rätseln, aber wenn man die Entwicklung in der Versorgungslage in den folgenden Jahren betrachtet, als ähnliche Mangelerscheinungen auftraten wie in den fünfziger Jahren, so ist es sicherlich berechtigt zu sagen, daß der Untergang der DDR durch diese Entwicklung beschleunigt wurde.

Anders als in den fünfziger Jahren kam allerdings hinzu, daß sich Millionen DDR-Bürger nach Besuchen in der BRD ihr eigenes Bild von jenem „imperialistischen Ausbeuterstaat" machen konnten, wie ihn der übelste SED-Propagandist Eduard von Schnitzler bezeichnete. Die Kluft zwischen Propaganda und Realität wurde immer größer. Dabei zielten die im Fünfjahresplan enthaltenen Versprechungen – mehr Wohnungen, Lohn- und Rentenerhöhung, verbesserte Versorgung – darauf ab, mangelnde Legitimati-

[66] Hans-Hermann Hertle, Der Fall der Mauer. Die unbeabsichtigte Selbstauflösung des SED-Staates, Opladen/Wiesbaden 1999, S. 32.

on durch materielle Versorgung und soziale Sicherheit zu kompensieren. Das auf dem IX. Parteitag der SED 1976 in die griffige Formel der „Einheit von Wirtschafts- und Sozialpolitik“ gefaßte realsozialistische Wohlfahrtspostulat hatte jedoch, wie Hans-Hermann Hertle betont, „schon bis zu diesem Zeitpunkt einen Verschuldungsmechanismus beschleunigt, der in der Folgezeit rasch an Brisanz zunahm“.[67] Die auf dem Parteitag verkündete Losung war im Grunde ein ökonomisch durchaus vernünftiges Programm, mit dem die SED-Führung offensichtlich versuchen wollte, die Ausgaben für die Erhaltung des Lebensstandards der Bürger den tatsächlichen Möglichkeiten der DDR-Wirtschaft anzupassen. Dies war in der Praxis nicht durchzuhalten, da die SED-Oberen den Zorn der Bürger über nicht gewährte Verbesserungen mehr fürchteten als die finanziellen und wirtschaftlichen Folgen einer ökonomisch nicht fundierten weiteren Anhebung des Lebensstandards. Hier zeigte sich, daß der 17. Juni 1953 nicht vergessen war. Der SED saß „die Angst vor der eigenen Bevölkerung“ im Nacken, wie Stefan Wolle betont hat. Und so wurde die „Triebkraft unserer sozialistischen Entwicklung“ – wie die neue Politik im ganzen Land verkündet wurde – für die DDR letztlich zum Rohrkrepierer.

Ausschlaggebend für Versorgungsstörungen, schlechte Qualität, Mangelerscheinungen, Produktionsstörungen und Fehlproduktionen war zunächst und vor allem die Planerstellung selbst. Obwohl die SED wußte, daß es keinen wissenschaftlich begründeten Perspektivenplan gab, hielt man am Dogma der Wirtschaftsplanung fest. Grundlage dafür waren eben nicht nur exakte Daten, sondern Annahmen und Schätzungen, zum Beispiel über Konsumgewohnheiten und die Entwicklung des technischen Fortschritts. Man ver-

---

[67] Ebd., S. 33.

kündete das Dogma der Überlegenheit der Planwirtschaft über die Marktwirtschaft, obwohl dies täglich ad absurdum geführt wurde. Pläne wurden nicht erfüllt oder Planerfüllung „getürkt“, Lücken klafften zwischen Wirklichkeit und Statistik, Maschinen waren kaputt, Betriebe konnten zu den staatlich geforderten Preisen nicht fertigen. Arbeitsproduktivität und -mentalität ließen zu wünschen übrig. Offiziell herrschte in der DDR vier Jahrzehnte lang Vollbeschäftigung, 90 % der Bevölkerung im erwerbsfähigen Alter standen im Berufsleben. Überall stand man im „Wettbewerb“, man durfte sich „Held der Arbeit“, „Verdienter Aktivist“ oder „Aktivist der sozialistischen Arbeit“ nennen; ebenso vermeldeten „Tafeln der Besten“, ob der Plan erfüllt worden war oder nicht. Dies sollte Anreiz für die Werktätigen sein. Die Realität sah anders aus.

Einer der schwerwiegendsten Fehler der SED-Wirtschaftsplaner bestand darin, den Preis als Gradmesser für die Knappheit eines Gutes außer Kraft zu setzen – mit einem Blick auf die BRD, einem anderen wiederum auf den 17. Juni 1953: Der Lebensstandard durfte nicht sinken. Dabei deckten die Preise für den täglichen Grundbedarf bei Nahrung und Kleidung oftmals nicht die Herstellungskosten. Und Güter des gehobenen Konsums kamen – wenn überhaupt – oft um ein Vielfaches zu teuer in den Handel. Man wurde sogar von den „Westpaketen“ abhängig, die in den Gesamtwirtschaftsplan einbezogen wurden. Ein Wirtschaftssystem aber, in dem Preise für Wohnungen, Brot, Strom, Fahrtkosten und sogar Blumen vom Staat festgesetzt und durch Subventionen verzerrt wurden, konnte nichts über die wahren Kosten der Produktion wissen. Da das subventionierte Brot im Laden billiger war als das Getreide, das den Bauern abgekauft wurde, fütterte man in der DDR die Hühner mit Brot – nicht unbedingt zur Freude der Bäkker. Unter Honecker stieg die Auslandsverschuldung der

DDR um ein Vielfaches, begründet auch durch steigende Weltmarktpreise, Rohstoffkrise, Ölpreisschock und Exportschwäche der eigenen Wirtschaft. Seit 1970 hatte die DDR ein Defizit im Westhandel, ab 1975 kam ein Defizit gegenüber dem Haupthandelspartner Sowjetunion hinzu. Um die Verschuldung abzubauen, hätten die Importe gedrosselt und insgesamt Kurskorrekturen durchgeführt werden müssen. Das aber war mit Blick auf den 17. Juni mit der Bevölkerung nicht so leicht zu machen. Aus Angst vor einer Wiederholung der Ereignisse des Jahres 1953 hat die SED-Führung – zum Teil wider besseres Wissen – diese Korrekturen nicht durchgeführt.

Und trotzdem sank der Lebensstandard. Man konnte zwar für zehn Pfennig Straßenbahn fahren, aber technische Konsumgüter wie Stereoanlagen, Farbfernseher oder Produkte des „gehobenen Bedarfs“ waren nur schwer oder gar nicht zu bekommen – es sei denn, man hatte Verwandte in der Bundesrepublik und konnte mit „Westgeld“ im Intershop kaufen oder über die „Geschenkdienst- und Kleinexport GmbH“ (GENEX) Geschenke bestellen: Waschmaschinen, Autos, Reisen, etc.

Über die Verschlechterung der Stimmung und der Lage gab die wachsende Zahl der sogenannten Eingaben Auskunft. Die Zeichen standen offensichtlich auf Sturm, da diese Zahl kontinuierlich anstieg, von 72.800 im Jahre 1983 an den Staatsrat auf rund 134.000 im Jahre 1989. Ein Dauerthema der Eingaben waren Beschwerden über die unzureichende „Wohnraumversorgung“. Honecker hatte zwar 1973 angekündigt, bis 1990 „die Wohnungsfrage als soziales Problem zu lösen“, aber auch dies erwies sich schon bald als unmöglich, trotz der berühmt-berüchtigten Plattenbauweise. Als der „Siegeszug der Platte“ 1989 endete, waren 90 Prozent der Neubauwohnungen in der DDR Plattenbauhäuser. Honecker übergab 1988 die dreimillionste Wohnung. Nur die Allerwenigsten wußten, daß diese Zahlen gefälscht waren. Noch schlimmer aber war, daß gleichzeitig in den alten Stadtkernen die Baustruktur verfiel. Auf jede neue Plattenbauwohnung kam statistisch eine verfallende.

6. Das Ende

Mit dem Bau der Mauer 1961 wurde das „Schlupfloch" West-Berlin geschlossen. Flucht war nur noch unter Lebensgefahr möglich. Die Menschen in der DDR richteten sich ein. Für selbständig Denkende gab es dabei schon bald keinen Lebens- und Wirkungsraum mehr. Hoffnungen auf Reformen wurden 1965 mit dem „kulturpolitischen Kahlschlag" auf dem XI. Plenum des Zentralkomitees der SED enttäuscht.

Drei Jahre später, am 21. August 1968, walzten Truppen des Warschauer Paktes den „Prager Frühling" nieder. Ein „Sozialismus mit menschlichem Antlitz" war offensichtlich nicht möglich. Für die SED-Führung waren dies „konterrevolutionäre Umtriebe", die vernichtet werden mußten. Immerhin waren bei der Niederschlagung Truppen der Nationalen Volksarmee nicht direkt beteiligt, sondern nur als Reserve an der Grenze zur Tschechoslowakei in Alarmbereitschaft zur Absicherung des Hinterlandes und im Rahmen logistischer Maßnahmen. So wurde in der Nähe von Dresden der Propagandasender „Vlatava" („Moldau") aufgestellt, der in tschechischer Sprache Sendungen verbreitete.

In den siebziger und achtziger Jahren ging in der DDR alles seinen, wie es hieß, „sozialistischen" Gang. Die Kluft zwischen Theorie und Praxis wuchs. Immer mehr Bewohner befanden sich auf der mentalen Ausreise, immer mehr stellten Anträge auf Ausreise. Sie wollten der Weltanschauungsdiktatur der DDR entfliehen und nicht länger Opfer der Gängelung sein, die der Staatsmarxismus ihnen auferlegte. Die Zahl der Ausreiseanträge stieg, alle Ausreisewilligen konnte man nicht einsperren. Sogenannte politische Gefangene wurden als „menschliche Sonderangebote" an die BRD verkauft – das brachte auch noch Devisen –, andere einfach „ausgebürgert". Wahlfälschungen wurden immer offensichtlicher. Damit zerfiel die Legitimität dieses Staates mehr und mehr. Trotz aller Repression war es am Ende nicht mehr möglich, das System zu retten.

Das wird deutlich, als im Sommer 1989 die Fluchtbewegung dramatische Ausmaße annahm. Die – zu späte – Wahrnehmung der Krise wird am besten illustriert durch die angstvolle Frage von Erich Mielke in einer Dienstbesprechung im Ministerium für Staatssicherheit am 31. August 1989, die zeigt, was in den Köpfen der alt gewordenen SED-Funktionäre 36 Jahre lang präsent gewesen war, nämlich: „Ist es so, daß morgen der 17. Juni ausbricht?" Der so angesprochene Oberst versuchte, seinen Minister zu beruhigen, und antwortete: „Der ist morgen nicht, der wird nicht stattfinden, dafür sind wir ja auch da."[68] Er sollte sich täuschen.

Der Bankrott lag offen zutage: Die DDR hatte auch jede wirtschaftliche Überlebenschance aufgebraucht. Der Leiter der ZK-Abteilung Planung und Finanzen, Günter Ehrensperger, brachte es in der ZK-Sitzung am 10. November 1989 auf den Punkt, nämlich, „daß wir mindestens seit 1973 Jahr für Jahr über unsere Verhältnisse gelebt haben und uns etwas vorgemacht haben. Wir haben Schulden mit Schulden bezahlt."[69] Die DDR, die nach offiziellen Statistiken der Weltbank jahrelang auf dem 10. bis 12. Platz in der Reihe der führenden Industriemächte rangiert hatte, war in fast

---

[68] Mitter/Wolle, Befehle, S. 125.
[69] Hertle/Stephan, Ende, S. 364.

allen Wirtschaftszweigen auf den Stand eines Entwicklungslandes zurückgefallen. Nur um die Verschuldung zu stoppen, hätte der Lebensstandard allein im Jahr 1990 um 25 bis 30 Prozent gesenkt werden müssen. Das aber, so Planungschef Gerhard Schürer und Devisenbeschaffer Alexander Schalck-Golodkowski, würde die DDR „unregierbar machen".

Die DDR war aber bereits unregierbar. Am 8. Oktober hieß es in einer Analyse des MfS, daß „progressive Kräfte", darunter insbesondere Mitglieder der SED, mit Blick auf die Lage in der DDR so argumentierten, daß sich die DDR „bereits jetzt in einer Situation wie kurz vor den konterrevolutionären Ereignissen am 17. Juni 1953 (befände)."[70] Hunderttausende waren bereits auf die Straßen gegangen. Das Schlüsseldatum für die spätere Entwicklung ist Montag, der 9. Oktober, mit den Ereignissen in Leipzig, wo 70.000 Menschen in der von Kampfgruppen und Bereitschaftspolizei belagerten Innenstadt mit dem Schlimmsten rechnen mußten und dennoch demonstrierten – mit Parolen, die an den Aufstand vom Juni 1953 erinnerten, wie etwa: „Wir sind das Volk!", „Wir sind keine Rowdys", „Laßt die Gefangenen frei", „Keine Gewalt", und vor allem „Freiheit, freie Wahlen", „Pressefreiheit". Auch insofern ist dieser 9. Oktober vergleichbar mit dem 17. Juni 1953. Entscheidend und anders aber war, daß diesmal die SED-Führung keinen Schießbefehl erteilte und die sowjetischen Panzer in den Kasernen blieben. Von diesem Datum an jedenfalls, so Stefan Wolle, „begann ein neues und zugleich das letzte Kapitel in der Geschichte der DDR".[71] Die Panzer blieben auch in den Kasernen, als vier Wochen später ex-ZK-Sekretär Kurt Hager in der Sitzung des ZK der SED am 10. No-

[70] Vgl. Dok. 22.

[71] Stefan Wolle, Die heile Welt der Diktatur. Alltag und Herrschaft in der DDR 1971–1989, Bonn 1998, S. 323.

vember betonte, die Situation sei „schärfer, ernster als 1953".[72] Sie war in der Tat ernster: Was 1953 nicht gelungen war, gelang jetzt.

[72] Hertle/Stephan, Ende, S. 405.

Fazit

Es ist einigermaßen unerheblich, darüber zu streiten, ob das, was 1953 in der DDR geschehen ist, ein Volksaufstand war, eine Revolution, ein Arbeiteraufstand oder nur ein Massenprotest. Es war in jedem Fall ein Aufstand gegen die Arroganz von SED-Bonzen, die Arbeiterinteressen im angemaßten Namen der Arbeiter verraten hatten – und noch weitere 36 Jahre verrieten. Und es war der erste Aufstand im Ostblock gegen die kommunistische Führung und gegen ein Regime, das durch nichts anderes legitimiert war als durch die sowjetische Besatzungsmacht. Sowjetische Panzer retteten die SED-Genossen, die von Anfang an die Helfershelfer der Sowjets waren, und walzten den Aufstand nieder. Rufe nach freien Wahlen und Wiedervereinigung verhallten ungehört. Insofern war das, was 1953 geschehen war, eine unvollendete Revolution mit Langzeitwirkung. Der 17. Juni „nahm mythische Dimensionen an". Das Datum „geisterte durch die Angstträume der Funktionäre bis zum letzten Tag ihrer Herrschaft".[73] Die SED-Führungsclique wußte von nun an, daß sie gegen das Volk regierte und daß sie in demokratischen Wahlen hinweggefegt worden wäre. Sie betrieb eine Politik mit einem Auge auf die BRD, mit dem anderen auf den 17. Juni. Der einzige Garant für ihren Machterhalt war die Sowjetunion, genauso wie für die Existenz der Kommunisten in Polen, Ungarn und der Tschechoslowakei. Einsatz militärischer Macht war das einzige Mittel, das Honecker 1980 für Polen einfiel, ganz im Sinne der Breschnew-Doktrin aus dem Jah-

[73] Wolle/Mitter, Untergang, S. 161.

re 1968. Im Herbst 1980 stellte das SED-Politbüro klar: „Die Lage in Polen ist schlimmer als 1968 in der ČSSR, schlimmer als unter Dubček." Und Honecker ließ gegenüber dem scheidenden polnischen Botschafter in der DDR, Olszowski, keine Zweifel an der harten Haltung der SED aufkommen:

> „Wir sind nicht für Blutvergießen. Das ist das letzte Mittel. Aber auch dieses letzte Mittel muß angewandt werden, wenn die Arbeiter- und Bauern-Macht verteidigt werden muß. Das sind unsere Erfahrungen aus dem Jahr 1953, das zeigen die Ereignisse 1956 in Ungarn und 1968 in der Tschechoslowakei."[74]

Die Sowjetunion unter Gorbatschow war gegen Blutvergießen und konnte im Jahr 1989 auch nichts mehr garantieren. Und so holte das Schlüsselereignis deutsch-deutscher Geschichte des Jahres 1953 die SED-Genossen im Herbst 1989 ein. Dabei wäre es sicherlich zu einfach, eine gerade Linie von 1953 bis 1989 zu ziehen. Vieles kam am Ende zusammen und führte zu dem, was wir „Wende" nennen. Gorbatschows Perestrojka war wohl mitentscheidend. Im Herbst 1989 ging alles ganz schnell, als die DDR-Bürger wieder auf die Straße gingen. Insofern ist die Massendemonstration am 9. Oktober 1989 in Leipzig vergleichbar mit dem 17. Juni 1953 in Berlin. Nur – diesmal blieben die sowjetischen Panzer in den Kasernen. Das war zugleich das Ende der DDR.

Das wiederum verstellt oft den Blick darauf, daß das Scheitern der DDR im Grunde systemimmanent war, genauso wie das Scheitern der Sowjetunion. Die DDR war

---

[74] Zit. bei Manfred Wilke/Michael Kubina, „Die Lage in Polen ist schlimmer als 1968 in der ČSSR …". Die Forderung des SED-Politbüros nach einer Intervention in Polen im Herbst 1980, in: *Deutschland Archiv* 26 (1993), S. 336.

weder unter Walter Ulbricht noch Erich Honecker jene schöne, heile Welt, als die sie sich selbst darstellte und für manchen Alt-Genossen in nostalgischer Erinnerung noch ist. Sie war ein Irrweg der deutschen Geschichte, sie war grau und trist, muffig, kleinbürgerlich und braunkohlenstinkig, repressiv und perspektivlos. Am Ende wollten die meisten nur noch weg.

Der 17. Juni war der erste Aufstand im Ostblock. Die Demonstranten wollten auch freie Wahlen und die Wiedervereinigung. Von daher war es angebracht, den 17. Juni in der Bundesrepublik als „Tag der deutschen Einheit" zum mahnenden Nationalfeiertag zu erklären. Daß dieser Tag schon bald nur noch als soziale Errungenschaft betrachtet wurde – ein weiterer Feiertag zu günstiger Jahreszeit –, ist eine ganz andere Geschichte. Der SED-Staat wurde von vielen im Westen in den folgenden Jahren jedenfalls als zweiter deutscher Staat akzeptiert. Damit wurde letztlich auch die Teilung akzeptiert: von Wiedervereinigung war keine Rede mehr. Die Mauer würde „auch noch in 50 oder 100 Jahren" bestehen bleiben, meinte Erich Honecker am 19. Januar 1989.[75] Nur die wenigsten zweifelten daran. Nach der Wiedervereinigung wäre es wohl angebracht gewesen, dem 17. Juni seine ursprüngliche Bedeutung zurückzugeben und ihn als Tag der deutschen Einheit zu erhalten – diesmal allerdings für *alle* Deutschen. Bedauerlicherweise wurde anders entschieden.

---

[75] „Frankfurter Allgemeine Zeitung", 20.1.1989.

Dokumente

1. Bericht der ZK-Abteilung LOPM über die Haltung der Bevölkerung zur Versorgungslage und zu den Normenerhöhungen, 24.4.1953 111
2. Rudolf Herrnstadt über die Sitzung des SED-Politbüros am 9.6.1953 113
3. Bericht der FDJ über die Reaktion der Bevölkerung auf das Kommuniqué des SED-Politbüros, 15.6.1953 .. 120
4. Otto Lehmann: „Zu einigen schädlichen Erscheinungen bei der Erhöhung der Arbeitsnormen", 16.6.1953 123
5. Marschall Andrej Gretschko (Berlin-Ost) an Nikolai Bulganin (Moskau), 17.6.1953 125
6. Vortragender Legationsrat Erich Meynen (Berlin-West) an das Auswärtige Amt (Bonn), 17.6.1953 127
7. Diskussion im SED-Politbüro über die Führung der Partei, 8.7.1953 129
8. Walter Ulbricht auf dem SED-Parteitag 1954 über den 17. Juni, 30.3.1954 131
9. Walter Ulbricht: Zehn Jahre DDR, 6.10.1959 133
10. MfS-Bericht über die Organisation von „Republikflucht" und die Lage der „Republikflüchtigen", 19.12.1958 135
11. Bericht der Hauptverwaltung Deutsche Volkspolizei über polizeiliche Aufgaben bei der Kollektivierung der Landwirtschaft, 15.3.1960 138

12. Fünf Bauernregeln: Walter Ulbricht nach der Kollektivierung der Landwirtschaft, 25.4.1960 142

13. Erich Mielke: „Zur Lage in der DDR“, 20.6.1961 143

14. Direktive des SED-Politbüros zur Kampfbereitschaft der Partei, 4.8.1961 149

15. MfS-Bericht über die „Republikflucht“, 3.10.1961 ... 156

16. Walter Ulbricht: 20 Jahre DDR, 6.10.1969 162

17. Erich Honecker: 30 Jahre DDR, 6.10.1979 166

18. MfS-Bericht über Reaktionen auf die Informations- und Medienpolitik in der UdSSR, 10.5.1989 168

19. MfS-Bericht über Motive der DDR-Ausreisewilligen, 9.9.1989 172

20. MfS-Bericht über Reaktionen zu aktuellen Aspekten der Lage in der DDR, 11.9.1989 183

21. Erich Honecker: 40 Jahre DDR, 6.10.1989 185

22. MfS-Bericht über Reaktionen progressiver Kräfte auf die Lage in der DDR, 8.10.1989 188

23. Ex-Politbüro-Mitglied Günter Schabowski über die Gründe des Scheiterns der DDR, 1992 194

[1] Bericht der ZK-Abteilung LOPM über die Haltung der Bevölkerung zur Versorgungslage und zu den Normenerhöhungen, 24.4.1953

Auf den Beschluß des Ministerrates vom 16. 4. 1953 zur Preisregulierung bei einigen Waren hat ein großer Teil der Bevölkerung äußerst negativ reagiert. Die Ursachen der schlechten Stimmung sind vor allem die ungenügende Erläuterung und Begründung des Beschlusses in der Presse, wofür bei einem großen Teil der Bevölkerung kein Verständnis vorhanden ist. Besonders kommt das bei den Hausfrauen, Rentnern und z. T. auch bei Betriebsarbeitern zum Ausdruck. Die wichtigsten Argumente sind:

1. Die letzten Beschlüsse der Regierung hätten eine ständige Verschlechterung der Lebenslage der werktätigen Bevölkerung mit sich gebracht. Dabei verweist man auf die Neuregelung der SVK-Beiträge und Kuraufenthalte, die neue Fahrpreisregelung, den Wegfall der Punktkarte, die Neuregelung des Lebensmittelkartenbezuges und schließlich die erfolgte Preisregulierung.
2. In einer Reihe von Betrieben des Bezirkes Dresden [...] ist seit Montag das Argument aufgetreten: auf der einen Seite würden Normenerhöhungen gefordert, die sowieso schon bedeuteten, daß die Arbeiter weniger verdienen, und auf der anderen Seite würden die Preise noch erhöht. Eine besonders ernste Erscheinung in diesem Zusammenhang ist, daß von einem Teil der Werktätigen in den Betrieben seit Anfang dieser Woche eine ablehnende Haltung zur Normenerhöhung zum Ausdruck gebracht wird.
3. Allgemein wird argumentiert, daß von keiner Preisregulierung zu sprechen sei, sondern vielmehr von Preiserhöhungen. Durch die ungenügende Begründung und Erläuterung des Beschlusses in der Presse und die in dieser Frage sehr mangelhafte Arbeit und Unbeweglichkeit der Mehrzahl der Parteileitungen, die oftmals nichts zur Aufklärung der Bevölkerung unternahmen und auf Anweisungen und Ar-

gumentationen der übergeordneten Leitungen warteten, wurde dem Klassenfeind seine gegnerische Tätigkeit erleichtert. Das führte dazu, daß durch die vom Gegner verbreiteten Gerüchte ein bedeutender Teil der Bevölkerung beeinflußt wurde und in großem Maße Angsteinkäufe tätigte (z. B. im Bezirk Chemnitz). In diesem Zusammenhang wurde von seiten der Bezirksleitungen eine ernste Kritik an der Arbeitsweise der Abteilung Agitation beim Zentralkomitee geübt, weil keine Argumentation zum Beschluß des Ministerrates herausgegeben wurde. Allgemein wird zum Ausdruck gebracht, daß es unverständlich ist, daß bei solchen wichtigen Beschlüssen nicht sofort den Bezirksleitungen Mitteilung gemacht [wurde], während den Räten der Bezirke und Kreise die Zusatzbestimmungen bekanntgegeben wurde[n]. Harte Kritik wurde an der Arbeitsweise des Staatsapparates geübt, besonders dahingehend, daß bei der Bekanntgabe der neuen Preise durch Vertreter der Regierung keine politische Begründung und umfassende Erläuterung der Verordnung zu dieser wichtigen Frage gegeben wurde. (Z. B. gab der Genosse S., Mitarbeiter der Regierung in Chemnitz, nur die neuen Preise bekannt, ohne eine politische Begründung geben zu können. Auf Befragen erklärte er, daß er bei der Regierung selbst nur kurz vor der Wegfahrt eine halbstündige Besprechung gehabt hätte und ihm dort keinerlei Hinweise und Argumentationen gegeben worden seien.)

Es wäre unbedingt notwendig, daß bei solchen Beschlüssen von zentraler Stelle aus sofort den leitenden Parteiorganen in den Bezirken die nötigen Anweisungen, besonders in Hinsicht auf die rechtzeitige Ausarbeitung von Argumentationen, gegeben würden.

(SAPMO-BArch, DY 30, IV 2/5/269, Bl. 138 f.; abgedruckt bei Hoffmann/Schmidt/Skyba, DDR, S. 146 f.)

[2] Rudolf Herrnstadt über die Sitzung des SED-Politbüros am 9.6.1953

Einige Tage später, am 9. Juni, fand eine Sondersitzung des Politbüros im Zimmer des Genossen Grotewohl statt. Alle Mitglieder und Kandidaten hatten mehrere Tage vorher eine Abschrift des Dokuments des ZK der KPdSU erhalten, mit dem Hinweis, daß sich jeder verbindlich darüber äußern solle, ob er dem neuen Kurs zustimme oder nicht. Anwesend waren die in Berlin befindlichen Angehörigen des Politbüros, d.h. alle mit Ausnahme von Pieck und Matern, ferner W. S. Semjonow, der während der ganzen vielstündigen Sitzung mitschrieb und erst am Ende einige Worte sagte. (Seine Notizen über diese Sitzung sind eine wichtige historische Quelle, da leider kein stenographisches Protokoll geführt wurde.) Da alle Genossen Gelegenheit gehabt hatten, sich auf die Sitzung vorzubereiten – ein für unsere damaligen Verhältnisse ganz ungewöhnlicher Fall, u. a. gerade darum hatte das Politbüro drei Jahre lang vergeblich gekämpft – und da die Wichtigkeit des Tagesordnungspunktes zutage lag, herrschte von Anfang an eine Atmosphäre des Verantwortungsbewußtseins und der Entschlußfreudigkeit. So wurde diese Sitzung der Ausgangspunkt der innerparteilichen Ereignisse der folgenden Wochen.

Nach Eröffnung der Sitzung durch Genossen Grotewohl sprach als erster Oelssner. Er begann mit den Worten (w.): „Zwei Jahre lang habe ich geschwiegen, heute werde ich reden.“ Er erklärte sodann sein Einverständnis zu sämtlichen Vorschlägen und Gedanken des sowjetischen Dokuments und warf die Fragen auf, die alle Anwesenden beherrschten: Was haben wir deutschen Genossen falsch gemacht? Wie konnte es geschehen, daß wir im Rahmen einer richtigen Politik ein Jahr lang einen falschen Kurs gesteuert und Fehler über Fehler gemacht haben? Als Antwort gab er eine breite Schilderung der Zustände im Sekretariat des ZK, der damals faktisch führenden Körperschaft der Partei, dem er seit 1950 angehörte. Er schilderte die Arbeitsweise des Sekretariats, die Diktatur

Ulbrichts, die Erziehung zu Liebedienerei und Furcht, den Dualismus zwischen Sekretariat und Politbüro, seine eigenen Ängste usw. Seine Ausführungen gipfelten darin, daß die wahren Wurzeln der begangenen Fehler nicht in den Beschlüssen der II. Parteikonferenz zu suchen seien, sondern weit tiefer und auch zeitlich weit länger zurückreichen. (Seine Kritik betraf das, was seit dem XX. Parteitag in dem Begriff Personenkult zusammengefaßt wird; damals gebrauchten wir diesen Ausdruck nicht, sondern sprachen, schon um Walter Ulbricht nicht zu reizen, von der Notwendigkeit der Herstellung einer kollektiv arbeitenden Führung.)

Mit dieser Erklärung hatte Oelssner die Position bezogen, die während der abgelaufenen Jahre am ausgeprägtesten von Zaisser und mir in den Sitzungen des Politbüros vertreten worden war. Sämtliche folgenden Redner vertraten die gleiche Auffassung. Daher verwandelte sich die Sitzung in eine Abrechnung des Politbüros mit dem politischen Stil des Sekretariats, wobei jedermann klar war, daß unter „Sekretariat" in erster Linie Walter Ulbricht zu verstehen war. Bezeichnend war, daß sogar solche Genossen, die in der Vergangenheit äußerst zurückhaltend waren (wie Mückenberger), oder solche, die um keinen Preis in irgendeiner Frage in Widerspruch zu Walter Ulbricht geraten wollten (wie E. Honecker), unter dem Druck der Ehrlichkeit fordernden Stimmung neue, unbekannte Folgen der Arbeitsweise des Sekretariats darlegten. Besonderen Eindruck machten die Ausführungen des Genossen Grotewohl, der sich in dieser Sitzung seinen Kummer aus vielen Jahren von der Seele redete, aber peinlich dabei bemüht war, Walter Ulbrichts Eigenliebe zu schonen. (Meine Aufzeichnungen aus dieser Sitzung auch über die Ausführungen Genosse Grotewohls habe ich später auf Aufforderung an H. Matern abgeliefert). Zaisser und ich nahmen an der Kritik teil, aber wir hielten uns in dieser Sitzung zurück. Wir hatten zwei Jahre lang im Politbüro diesen Kampf geführt und dafür schwere Schläge in Kauf genommen – jetzt war eine neuerliche Darlegung unseres Standpunktes nicht mehr nötig und hätte nur wie Auftrumpfen ausgesehen.

Die Genossen Semjonow und Ulbricht wurden durch diesen einheitlichen und leidenschaftlichen Ausbruch des Politbüros völlig überrascht. Im Anfang der Sitzung zeigte Genosse Semjonow noch, wenn besonders scharfe und weitgehende Formulierungen fielen, ein erstauntes Gesicht, später beschränkte er sich aufs Mitschreiben, am Ende, als alle deutschen Genossen gesprochen hatten und er das Wort nehmen mußte, sagte er zu Walter Ulbricht gewandt: „Ja, Genosse Ulbricht, meiner Meinung nach ist es jetzt an Ihnen, aus dieser sehr fundierten Kritik des Politbüros ernste Folgerungen zu ziehen.“ Zweifellos verstand er, daß diese Kritik sich nicht weniger gegen ihn selber richtete, aber davon sprach er nicht.

Charakteristisch war folgender Vorfall am Ende der Sitzung: Das Politbüro wünschte, daß Genosse Ulbricht dem Sekretariat von der an ihm geübten Kritik und der Forderung, seinen Arbeitsstil und sein Benehmen zu ändern, Mitteilung macht. Daraufhin ergab sich folgender Dialog (w.):

Ulbricht: „Dem Sekretariat? Wieso?“

Grotewohl: „Ich verstehe die Frage nicht?!“

Ulbricht: „Ja, denkt Ihr, ich werde das Sekretariat nach dieser Kritik noch einmal zusammenrufen?“

Grotewohl: „Na, *so* geht es aber auch nicht –?!“

Ulbricht: „Ich werde das Sekretariat nicht wieder zusammenrufen, kommt ja gar nicht in Frage.“

Tatsächlich hat Walter Ulbricht das Sekretariat nicht wieder zusammengerufen. So diktatorisch es gearbeitet hatte, so diktatorisch flog es auseinander. Auch daran fand W. S. Semjonow nichts Unstatthaftes. Die Mitglieder des Sekretariats (wie Axen und Verner), die es noch eben für eine Zeitverschwendung gehalten hatten, mit Politbüro-Mitgliedern zu reden, liefen nun wochenlang (bis zum 15. Plenum, das sie rettete) verstört herum und versuchten auf den Korridoren, von uns (z. B. von mir) zu erfahren, was eigentlich passiert sei, warum Walter Ulbricht das Sekretariat nicht mehr zusammenrufe und was nun aus ihnen würde.

Faßt man die in dieser Sitzung einstimmig vertretene Meinung des Politbüros in einen Satz, so lautete sie: Wir sind für den neuen Kurs und halten die im sowjetischen Dokument geäußerte Kritik für richtig. Aber der neue Kurs wird nicht zum Erfolge führen, wenn nicht Entscheidendes bei uns geändert wird. (Heute würde man sagen: wenn nicht im Sinne der Liquidierung des Personenkults eine Wendung in der gesamten Parteiarbeit herbeigeführt wird.) Geschieht das nicht, so ist die von der Sowjetunion in Aussicht gestellte große materielle Unterstützung in einen Topf ohne Boden geworfen und das Ziel: die DDR zum Magneten für die Werktätigen ganz Deutschlands zu machen, wird nicht erreicht werden. Eben weil die Frage *so* gestellt wurde, verwandelte sich die Sitzung in einen allgemeinen Angriff auf das Sekretariat, wobei das Wort Sekretariat, wie erwähnt, nur das Deckwort war für Personenkult, Loslösung von den Massen, Eigenmächtigkeiten Walter Ulbrichts, Sektierertum usw. Daher die Betroffenheit der Genossen Semjonow und Ulbricht. Diese Sitzung war – objektiv – ein großer Sieg des Politbüros, ein Ausweis für seine politische Reife und seine Fähigkeit zu kollektiver Arbeit. In diesem Sinne hat Genosse Grotewohl durchaus recht mit der Feststellung: „Hat es bei uns eine Kollektivität gegeben oder nicht? Ich sage, es gibt sie und hat sie gegeben" (N.D. 1.5.1956). Das Politbüro hat die Aufrichtung einer persönlichen Diktatur nicht zugelassen.

Gleichzeitig wird verständlich, warum in den darauffolgenden Wochen (vor allem auf dem 15. Plenum) von einigen Seiten alles getan wurde, um die PB-Sitzung vom 9. Juni aus der Erinnerung und den Dokumenten zu tilgen. [...]

Folgende Beschlüsse wurden gefaßt (wenn ich nicht irre, sämtlich in der eben geschilderten Sitzung):

1. Es ist sofort ein kurzes, zur Veröffentlichung bestimmtes Kommuniqué des Politbüros zu verfassen, in dem die wichtigsten Maßnahmen des bevorstehenden Kurswechsels bekanntgegeben werden (Tempominderung in der Forcierung des Aufbaus der Schwerindustrie, vergrößerte Investitionen in die Leichtindustrie, Veränderungen in der Lohnpolitik, Widerrufung der Maßnahmen gegen die Großbauern, die Kirche usw.). Dieses Kommuniqué hat später unter

der Bezeichnung „Kommuniqué des Politbüros vom 9. Juni“ (veröffentlicht am 11. Juni) eine große Rolle gespielt. Mit der Abfassung wurde ich beauftragt.

2. Sobald als möglich ist das nächste Plenum des ZK einzuberufen, auf dem der Kurswechsel in aller Ausführlichkeit begründet und diskutiert wird. Zur Vorbereitung dieses Plenums wird eine Kommission eingesetzt, die den (umfangreichen) Entwurf für die Entschließung des Plenums auszuarbeiten hat. In diese Kommission wurden die Genossen Ulbricht, Rau und ich gewählt.
3. Es wird eine weitere Kommission gebildet, die den Auftrag hat, dem Politbüro Vorschläge für die Verbesserung der Parteiarbeit und für die dazu erforderlichen organisatorischen Veränderungen auch in den führenden Körperschaften der Partei zu unterbreiten. In diese Kommission wurden die Genossen Grotewohl, Ulbricht, Zaisser, Oelssner, Jendretzky und ich gewählt. [...]

Am 10. Juni entwarf ich das „Kommuniqué vom 9. Juni“. Während der Arbeit wurde ich aus dem Büro Ulbrichts mehrfach gedrängt, das Kommuniqué müsse bis zum frühen Nachmittag fertig sein. Je mehr ich versuchte, das Kommuniqué in der aufgetragenen Weise (4–5 Seiten, kurze erschöpfende, mitreißende Aufzählung) zu schreiben, desto klarer wurde mir, daß es in der vorgesehenen Form eine nicht zu verantwortende Chocwirkung in der Partei und in der Öffentlichkeit hervorrufen müsse. Es erwies sich als unmöglich, die wichtigsten, von der Partei soeben ein Jahr hindurch gegen unzählige Widerstände als allein richtig verteidigten Maßnahmen kurzerhand, d. h. unter Verzicht auf eine fundierte Begründung zu widerrufen – ohne die Partei zu desorientieren und zu erbittern und dem Gegner die Flanke zu öffnen. Mir erschien ein solches Vorgehen auch vom Standpunkt der marxistischen Publikationspolitik unverantwortlich. Ich erinnerte mich – und führe das hier an, weil ich es in den darauffolgenden Stunden sowohl Walter Ulbricht wie W. S. Semjonow darlegte – an folgendes: Schon zehn Jahre vorher hatte ich in der PUR [Politische Hauptverwaltung der Roten Armee] von Genossen Manuilski gelernt, daß es in der marxistischen Presse unzulässig ist, einen falschen oder für den Leser unverständlichen Satz zu veröffentlichen, ohne ihn sofort zu zerschlagen bzw. zu erklären. Gelegentlich eines Zitats aus der gegnerischen Presse, das ich übernehmen und mit dem Zusatz versehen wollte: „In der nächsten Nummer werden wir uns ausführlich hiermit auseinandersetzen", hatte mir Gen. Manuilski gesagt: „Eine mißverständliche Sache können Sie zitieren, wenn Sie sie im unmittelbaren Anschluß, auf der gleichen Zeitungsseite aufklären, und zwar so präzise und erschöpfend, daß Sie alle Leser auf Ihrer Seite haben. Sie dagegen schreiben, in der nächsten Nummer würden Sie Stellung nehmen. Und bis dahin? Bis dahin können alle Gehirne spazierengehen, in welche Richtung sie wollen, wie?" Mehr als ein dutzendmal hatte ich diese Geschichte in der Redaktion des Zentralorgans bei entsprechenden Anlässen den Redakteuren erzählt. Und jetzt sollte ich mit dem Kommuniqué dasselbe machen, nur daß es sich diesmal nicht um ein belangloses Zitat in einer nicht sehr bedeutenden Zeitung für Kriegsgefangene handelte, sondern um den politischen Kurs der ganzen Partei.

Am frühen Nachmittag legte ich den Entwurf des Kommuniqués Genossen Ulbricht vor. Er las ihn und hatte keine Einwendungen. Ich setzte ihm das oben Gesagte auseinander. Er erwiderte: „Die gleichen Einwendungen habe *ich* bereits gemacht. Auch Grotewohl hat die größten Bedenken. Aber sie bestehen darauf." Ich sagte: „Damit kann man sich doch nicht zufriedengeben?!" Ulbricht erwiderte (w.): „Komm heute nachmittag um 6 in die Wohnung des Genossen Grotewohl. Dort wird Semjonow sein. Ich möchte ohnehin, daß er das Kommuniqué vor der Veröffentlichung liest. Bei der Gelegenheit kannst Du ihm die Sache noch einmal vortragen. Aber Du wirst kein Glück haben."

Um 6 Uhr war ich in der Wohnung des Gen. Grotewohl. Dort waren außer Grotewohl und Ulbricht die Genossen Semjonow, Judin Semistschastnow, Kjatkin [Mitarbeiter Semjonows]. Von 6 bis 7 wurden Einzelheiten, die sich aus dem Kurswechsel ergaben, erörtert, insbesondere ökonomische. Um 7 Uhr verabschiedeten sich die Genossen Grotewohl und Ulbricht, um ins ZK zu fahren, wo das Politbüro zu Ehren des zurückberufenen Armeegenerals Tschuikow ein kleines Essen gab. Ich sollte nachkommen. Nach ihrem Weggang zeigte ich den Entwurf Semjonow. Er las ihn und hatte drei oder vier kleine Änderungsvorschläge, die ich mir aufschrieb. Dann folgte folgendes Gespräch (w.):

Ich: „Gen. Semjonow, ich bin zwar der Verfasser des Kommuniqués, aber ich möchte gegen seine Veröffentlichung protestieren."

S.: „Warum?"

Ich: „So darf man den Kurswechsel nicht einleiten. Das Kommuniqué kann nur Verwirrung stiften." (Das führte ich näher aus).

Er: „Das Kommunique *muß* morgen in der Zeitung stehen."

Ich: „Ich entnehme aus Ihren Worten, daß eine diesbezügliche Anweisung vorliegt. Wenn das der Fall sein sollte – ginge es nicht, daß Sie in Moskau darlegen, warum es zweckmäßig wäre, die Anweisung zu verändern? Geben Sie uns 14 Tage und wir können den Kurswechsel so überzeugend und mitreißend begründen, daß *wir* mit ihm in die Offensive gehen und nicht der Gegner. Er enthält doch alle Elemente dafür, aber die Elemente können sich ins Gegenteil verwandeln, wenn wir den Start verpfuschen."

Darauf antwortete Gen. Semjonow sehr scharf und von oben herab (offenbar empfand er meine Worte als Einmischung in seine Kompetenzen): „In 14 Tagen werden Sie vielleicht schon keinen Staat mehr haben."

Ich erwiderte, wenn er die Lage so einschätze, werde das Kommuniqué selbstverständlich morgen erscheinen, und fuhr ins ZK. Dort war das Politbüro noch versammelt, während General Tschuikow bereits weggefahren war. Ulbricht rief mir zu: „Nun, was gab's noch?" Ich erwiderte: „Ich berichte Dir lieber morgen."

Am anderen Morgen um neun Uhr hatte ich bei Ulbricht im Ministerratspräsidium zu sein. (Er empfing dort den Vorsit-

zenden des Bundes der Deutschen in Westdeutschland, Elfes, und hatte vorgeschlagen, daß ein zweiter Angehöriger des Politbüros an diesem Gespräch teilnimmt. Das Politbüro hatte entsprechend beschlossen.) Fünf Minuten vor neun bat ich durch die Sekretärin, von Elfes empfangen zu werden. Das geschah. Ich berichtete Ulbricht über das Gespräch mit Semjonow (inzwischen war das Kommuniqué erschienen). Ulbricht war nicht erstaunt. Als ich die Bemerkung wiedergab: „In 14 Tagen werden Sie vielleicht schon keinen Staat mehr haben", sagte Ulbricht brüsk: „Er soll keine Panik machen!"
(Stulz-Herrnstadt (Hrsg.), Das Herrnstadt-Dokument, S. 62 ff.)

[3] Bericht der FDJ über die Reaktion der Bevölkerung auf das Kommuniqué des SED-Politbüros[76], 15.6.1953

Die Berichte der Bezirks- und Kreisleitungen zeigen, daß die Beschlüsse der Partei und Regierung unter der Masse der Bevölkerung und Jugend eine große Aufmerksamkeit und breite Diskussionen hervorgerufen haben. [...]

In den Diskussionen zeigen sich vor allem folgende positive Erscheinungen:

a) Die Beschlüsse des Politbüros und der Regierung über die Verbesserung der Lebenslage der Bevölkerung finden die Zustimmung der Bevölkerung und Jugend. Eine ganze Reihe von Mitgliedern des Verbandes haben aus diesen Beschlüssen konkrete Schlußfolgerungen gezogen.
b) In der MTS Uckermünde verpflichteten sich die Jugendfreunde Max H. und Bruno S., anläßlich des Beschlusses des Politbüros, 4.000 Arbeitsstunden mit ihren Traktoren ohne Generalüberholung zu leisten. [...]

[76] Abgedruckt bei Steininger, Deutsche Geschichte, Bd. 2, S. 267 ff.

Die Berichte der Bezirksleitungen zeigen jedoch, daß unter breiten Teilen der Jugend Unklarheiten in verschiedenen Fragen bestehen.

Unter der Arbeiterjugend sind dies vor allem die Probleme der Großbauern, der Republiksflüchtigen und der „Jungen Gemeinde“. Ein Arbeiter aus Aue erklärte z.B.: „Wenn der Großbauer aus unserem Dorf zurückkommt, wird er aufgehängt.“ In Deutsch-Neudorf diskutierten Mitglieder der FDJ: „Wieso kann das ZK so etwas machen. Diejenigen, die erst von uns abhauten und mit uns nichts zu tun haben wollten, sollen nun alles wiederbekommen.“ [...]

Auf einer Versammlung in der Schiffs- und Reparaturwerft Stralsund erzählte ein Kollege, daß die SED und Regierung eingesehen haben, daß sie etwas falsch gemacht haben; er erklärte weiterhin, „was geschieht aber mit uns, wenn wir etwas falsch machen? Wir werden dann eingesperrt; was geschieht mit denen, die diese Fehler gemacht haben?“ Worauf ein Zwischenruf erfolgte, „Gehaltszulage“. In der Zuckerfabrik Stralsund sagten einige Freunde, „wir haben oft genug kritisiert, aber man hörte uns nicht; wenn wir unsere Meinung sagten, dann waren wir immer reaktionär.“

Der Feind verbreitet unter der Bevölkerung die unsinnigsten Parolen mit dem Ziel, die vorhandenen Unklarheiten für seine verbrecherischen Zwecke auszunutzen. Gegenwärtig besteht die Feindarbeit vor allem in Folgendem:

a) Die Beschlüsse der Partei und Regierung werden als eine Schwäche dargestellt. Die Hauptargumente sind dabei:

„Das ist der Bankrott ihrer Politik!“

„Das war der Druck von unten, sie konnten sich nicht mehr halten.“

[...]

b) Neben diesen Argumenten versucht der Feind, durch Lüge und Panikmacherei die Bevölkerung zu verwirren. Dabei tauchen solche Argumente auf wie: [...]

„Wilhelm Pieck ist in London und andere Mitglieder in Westdeutschland.“ [...]

Dieselben Argumentationen in bezug auf die Genossen Wilhelm Pieck, Otto Grotewohl und Walter Ulbricht wurden auch aus Karl-Marx-Stadt, Halle, Erfurt und Rostock berichtet.

Solche Panikmacherei führte z. B. in Oberwiera dazu, daß einige Mitglieder der LPG aus ihren Wohnungen ausziehen wollten, da sie die Ankunft der Großbauern fürchten.

Der Vorsitzende der Gesellschaft für Deutsch-Sowjetische Freundschaft im Karl-Marx-Werk Zwickau hat sämtliche Bilder des Genossen Walter Ulbricht im Werk entfernt. Auf der MTS Göhlen kamen morgens um 8.00 Uhr einige halbbetrunkene Bauern und forderten den Traktor, der ehemals einem Bauern gehörte und von der MTS eingezogen wurde, wieder zurück.

c) Inhalt der feindlichen Arbeit ist eine wüste Hetze gegen die Sowjetunion, es werden solche Argumente verbreitet:
„Malenkow ist abgesetzt“,
„Die Sowjetunion hat befohlen, wir müssen spuren.“ [...]

d) In einer Reihe von Fällen ist es zu offenen Provokationen gekommen, in denen es dem Gegner gelang, auch kleinere Teile der Bevölkerung mit einzubeziehen. So wurde z. B. am Freitag in Brandenburg bei einer Provokation der l. Kreissekretär der FDJ niedergeschlagen.

Im Hermann-Matern-Werk Roßwein, Kreis Döbeln, der Baumwollspinnerei Mittweida und dem IFA-Karosserie-Werk Halle traten Teile der Belegschaft in einen Streik. Er wurde hervorgerufen durch bürokratische Maßnahmen der Betriebsleitung bei der Normerhöhung. Der Gegner nutzte dies aus, um solche Provokationen zu starten.

Unklarheiten traten unter Teilen unserer Funktionäre auf, die in ihrem Auftreten teilweise unsicher geworden sind. Eine Reihe von Funktionären betrachtet den Beschluß als eine „Taktik mit Augenzwinkern“. [...] Die größten Unklarheiten bestehen gegenwärtig unter Funktionären und Mitgliedern des Verbandes in der Frage der „Jungen Gemeinde“. In fast allen Oberschulen in Zwickau-Stadt ist das Argument verbreitet: „Sie fliegen ja sowieso wieder hinaus!“

Der Jugendfreund Sch. sagte: „Ich habe mitgestimmt, daß die Mitglieder der ‚Jungen Gemeinde' von der Oberschule verwiesen werden, und jetzt soll ich mit diesen auf einer Schulbank sitzen, das mache ich nicht mit." [...]

Die Freunde von Siemens-Plania brachten zum Ausdruck, daß sie mit allen vorgeschlagenen Maßnahmen einverstanden sind, nur nicht mit der „Jungen Gemeinde". [...]

(SAPMO-BArch, DY 30, IV 2/5/544. Bl. 91–96; abgedruckt bei Hoffmann/Schmidt/Skyba, DDR, S. 161 ff.)

[4] Otto Lehmann: „Zu einigen schädlichen Erscheinungen bei der Erhöhung der Arbeitsnormen", 16.6.1953

Der Beschluß des Ministerrats über die Erhöhung der Arbeitsnormen besagt vor allem, daß auf der Grundlage der Verbesserung der Arbeitsorganisation, der Qualifizierung der Arbeiter, der Anwendung neuer Arbeitsmethoden, der Verbesserung der technischen Bedingungen, der Beseitigung von Verlustzeiten und der Festigung der Arbeitsdisziplin im Betrieb die Erhöhung der Arbeitsnormen für die Steigerung der Arbeitsproduktivität entsprechend den Kennziffern der Betriebe durchgeführt werden soll.

In vielen Betrieben haben die Betriebsleitungen und die Betriebsgewerkschaftsleitungen gewissenhaft nach diesem Beschluß gehandelt. Es gibt jedoch nicht wenige Betriebe, die den Beschluß des Ministerrats nicht durchführten oder verletzten. So wurde z. B. zum Schaden des erfolgreichen Kampfes um die Steigerung der Arbeitsproduktivität durch die Erhöhung der Arbeitsnormen eine gefährliche und reaktionäre „Theorie" und Praxis entwickelt, die darauf hinausläuft, daß die Normenerhöhung eine Lohnsenkung zur Folge haben muß. Die Gewerkschaften wenden sich entschieden gegen solche Auffassungen, die die Autorität der Beschlüsse der Partei

Befehl!

Ueber die Stadt Halle ist der

Ausnahmezustand

verhängt. Demonstrationen, Versammlungen und Zusammenrottungen jeder Art sind verboten.

Jeder Aufenthalt auf den Straßen ist von

21.00 bis 4 Uhr

verboten.

Im Falle von Widerstand wird von der Waffe Gebrauch gemacht!

Halle, den 17. Juni 1953

Chef der Garnison und Militärkommandant der Stadt Halle (Saale)

Am Abend des 17. Juni 1953 gilt in 167 von 217 Stadt- und Landkreisen das Kriegsrecht.

Befehl des Militärkommandanten des Bezirkes Magdeburg

Für die Herbeiführung einer festen, öffentlichen Ordnung wird befohlen:

1. **Ab 14 Uhr des 17. Juni 1953 wird für den Bezirk Magdeburg der Ausnahmezustand verhängt.**
2. **Alle Demonstrationen, Versammlungen, Kundgebungen und Ansammlungen über drei Personen werden auf Straßen, Plätzen sowie vor öffentlichen Gebäuden verboten.**
3. **Jeglicher Verkehr von Fußgängern, Kraftfahrzeugen und Fahrzeugen wird von 21 Uhr abends bis 5 Uhr morgens verboten.**
4. **Diejenigen, die gegen diesen Befehl verstoßen, werden nach dem Kriegsgesetz bestraft.**

Militärkommando für den Bezirk Magdeburg

der Arbeiterklasse, des Ministerrats und des Präsidiums des Bundesvorstandes des Freien Deutschen Gewerkschaftsbundes gröblich mißbrauchen und damit die Interessen aller Werktätigen auf das tiefste und empörendste verletzen.

Die Arbeitsnormen werden nicht erhöht, um die Löhne zu senken, sondern um durch wirtschaftlichere Arbeit in jeder Hinsicht mit dem gleichen Arbeitsaufwand wie bisher mehr, besser und billiger zu produzieren. Die feindliche „Theorie" von der Lohnsenkung muß zerschlagen werden. Je schneller und je gründlicher dies geschieht, um so aktiver und bewußter werden alle Arbeiter die Normenerhöhung um durchschnittlich 10 Prozent zu ihrer eigenen Sache machen.

(„Tribüne" vom 16. Juni 1953.)

[5] Marschall Andrej Gretschko (Berlin-Ost) an Nikolai Bulganin (Moskau), 17.6.1953

An den Genossen Bulganin,

die Lage in Berlin beruhigt sich. Die wichtigsten Regierungs- und öffentlichen Gebäude […] werden von unseren Truppen bewacht und gesichert. Unsere Truppen kontrollieren die wichtigsten Bezirke im sowjetischen Sektor von Berlin.

Nach ersten Berichten wurden 46 Provokateure verhaftet. Die Lage im Haus der Ministerien und im ZK-Gebäude ist ruhig. Die Zufahrtstraßen zu diesen Gebäuden werden von unseren Truppen mit Panzern und Artillerie blockiert. Mit Panzern und Panzerwagen werden die letzten Demonstrationen aufgelöst. Einige der Demonstranten verlassen die Demonstrationszüge und verstecken sich in Nebenstraßen. Etwa 3.000 hatten sich in der Friedrichstraße im amerikanischen Sektor von Berlin versammelt. Sie riefen Anti-Regierungsparolen, und forderten den sofortigen Rücktritt der DDR-Regierung, die 40 %ige Herabsetzung der [HO]Preise,

Bekanntmachung des Militärkommandanten der Stadt Magdeburg

Ich mache hiermit bekannt, daß die Einwohner der Stadt Magdeburg, Dartsch, Alfred, und Strauch, Herbert, wegen der aktiven provokatorischen Handlungen am 17. Juni 1953, die gegen die festgelegte Ordnung gerichtet waren, als auch wegen der Teilnahme an den banditischen Handlungen vom Gericht des Militärtribunals zum Tode durch Erschießen verurteilt worden sind.

Das Urteil ist am 18. Juni 1953 vollstreckt worden.

Der Militärkommandant der Stadt Magdeburg

keine Bestrafung der Streikenden, Auflösung der DDR-Armee und der Volkspolizei, Rückgabe der Gebiete, die Polen erhalten hat [gemeint sind die Gebiete östlich von Oder-Neiße], sowie anti-sowjetische Parolen.

Über den sowjetischen Sektor von Berlin wurde am 17. Juni um 13.00 Uhr Ortszeit das Kriegsrecht verhängt.

Um die Ordnung wieder herzustellen, wurde die motorisierte II. Armee, bestehend aus den 1. und 14. motorisierten Divisionen und der 12. Panzerdivision, mit dem Auftrag nach Berlin hereingeführt, bis 21.00 Uhr für vollständige Ordnung zu sorgen.

Die Einheiten dieser Divisionen werden die Außenbezirke der Stadt zwischen 16.00 und 18.00 Uhr erreicht haben.

Die Mitglieder der DDR-Regierung sind aus den gefährdeten Gebieten herausgeholt worden und halten sich beim Genossen Semjonow auf. Um die öffentliche Ordnung wiederherzustellen und die Demonstrationen gegen die Regierung zu beenden, wurden Magdeburg, Leipzig, Dresden, Halle, Görlitz und Brandenburg unter Kriegsrecht gestellt.

Heute wurde um 14.00 Uhr Ortszeit eine Erklärung der DDR-Regierung veröffentlicht, in der die Hintergründe der Ereignisse aufgezeigt werden und die Bevölkerung zur Einheit und zum Widerstand gegen die faschistischen und reaktionären Elemente aufgefordert wird.

Gretschko
Tarasow

(Der Bericht wurde in Moskau um 18.30 Uhr Moskauer Zeit – 16.30 Berlin – empfangen; Kopien gingen an Malenkow, Berija, Molotow, Woroschilow, Chruschtschow, Kaganowitsch und Mikojan; in englischer Übersetzung bei Ostermann, Uprising, S. 190 f.)

[6] Vortragender Legationsrat Erich Meynen (Berlin-West) an das Auswärtige Amt (Bonn), 17.6.1953

Fernschreiben Nr. 9
Citissime
Aufgabe: 17. Juni 1953, 19.50 Uhr
Ankunft: 18. Juni 1953, 00.25 Uhr

Unter Bezugnahme auf Bericht Nr. 9 vom 15. Juni sowie heutiges Telefongespräch mit VLR Etzdorf sowie laufende telefonische Unterrichtung Staatssekretärs Lenz, Bundeskanzleramt, durch Bundesbevollmächtigten Vockel.

Gestern vormittag zusammenfanden sich Bauarbeiter aus der Stalinallee (Sowjetischer Sektor) zu Demonstrationszug, der zum Regierungsviertel zog. Allmählich mehrere Tausend zählender Zug von Volkspolizei nicht behindert. Zwischenfälle nur in Gestalt Verprügelung einzelner, an Abzeichen kenntlicher SED-Mitglieder. Streikende verlangten im Sprechchor Herabsetzung Arbeitsnormen sowie freie Wahlen. Schwerindustrie-Minister Selbmann wurde niedergeschrien. Rote Fahne Brandenburger Tor wurde heruntergerissen.

Heute vormittag erneuter Demonstrationszug in Stärke schwankend zwischen 3.000 und 15.000 zum Regierungsgebäude Ecke Leipziger- und Wilhelmstraße. Volkspolizei wiederum zunächst in Reserve. Auch Rotarmisten mit MG und Panzerspähwagen zugegen, die Demonstration jedoch nicht hinderten. Demonstrationszüge wurden vom Regierungsgebäude abgedrängt, aufmarschierten an Sektorengrenze Potsdamer Platz/ Brandenburger Tor mit Versuchen, in Westsektor einzudringen. West-Berliner Polizeikette zurückhielt Demonstrationszug.

Gegen Mittag Zusammenstöße zwischen Demonstranten und Volkspolizei, die in die Luft schoß. Dennoch leider Verletzte, angeblich auch Tote. Behauptung, daß sowjet-russische Panzer Feuer auf die Menge eröffneten, bisher unbestätigt. Heute mittag in Sowjetsektor Ausnahmezustand verhängt unter Einsetzung von Kriegsgerichten. Ausgehverbot 21 bis 5 Uhr. Sämtliche öffentliche Verkehrsmittel in Ost-Berlin und von dort nach West-Berlin haben Betrieb eingestellt. In Auswirkung Ausnahmezustandes nach 13 Uhr sowjetische Panzer und sowjetisches Militär gegen Demonstranten eingesetzt. Demonstrationen im wesentlichen beendet. Leipzigerstraße, Unter den Linden, fast menschenleer, nur sowjetische Panzer aufgefahren.

Größere Demonstrantengruppe eindrang heute in französischen Sektor zwecks Durchmarsch in Richtung Westen. Französischer Kommandant anwies West-Berliner Polizei, Marsch aufzuhalten, was allerdings mißlang. Englischer und amerikanischer Kommandant, mit denen ich verhandelte, einnahmen ähnliche Haltung wie französischer Kollege, falls Einmarsch oder Durchmarsch von Demonstrationszügen versucht, was bisher nicht geschah. Amerikanische Panzer für alle Fälle an Südwestgrenze amerikanischen Sektors aufgefahren. Direktor HICOG [United States High Commission(er) for Occupied Germany] mitteilte mir 15 Uhr, Kommandanten hätten beschlossen, unter allen Umständen Westsektoren aus den Ereignissen herauszuhalten, friedliche Demonstranten nicht zu stören, aber West-Berliner Polizei einzusetzen, sobald Ordnung gefährdende Zusammenrottungen oder Demonstrationszüge. SPD und Gewerkschaften veranstalten heute nachmittag Sympathiekundgebungen in Kreuzberg entgegen ausdrücklichem Wunsch dreier Kommandanten.

Heutige Erklärung Bundeskanzlers vor Bundestag sehr gut aufgenommen. Bundesminister Kaiser eintraf Spätnachmittag. 21 Uhr außerordentliche Sitzung Abgeordnetenhauses mit kurzen Erklärungen Parteien dahingehend, daß West-Berlin bereit, Kranke und Verletzte in Krankenhäuser aufzunehmen und Medikamente auszuteilen. Früherer Ost-Zonen-CDU-Minister Grobbel nach Berlin geflohen, ebenso Otto Nuschke West-Berlin eingetroffen, jedoch seine Situation noch unklar.

Stimmung Ost-Berliner Bevölkerung gegen SED, ostzonale Politiker und Sowjetbesatzung anscheinend äußerst erbittert. In „Regierungserklärung" Grotewohls Unruhen als Werk „faschistischer und anderer reaktionärer Elemente in West-Berlin" und von „Provokateuren und Agenten ausländischer Mächte und ihrer Helfershelfer aus deutschen kapitalistischen Metropolen" bezeichnet.

Obiger Stand 18 Uhr.

Meynen

(Akten zur Auswärtigen Politik der Bundesrepublik Deutschland 1953, hrsg. im Auftrag des Auswärtigen Amts vom Institut für Zeitgeschichte, München 2001, Dok. Nr. 187, S. 579 ff.)

[7] Diskussion im SED-Politbüro über die Führung der Partei, 8.7.1953

Grotewohl berichtet über 2 Kommissionssitzungen Organis. Kommission.

Herrnstadt lehnt Tätigkeit als l. Sekretär ab.

Honecker man darf U. [Ulbricht] nicht allein schuldig machen. Es schädigt die Partei, wenn man U. als Gen. Sekr.

und als l. Sekretär ausscheidet. Vorschlag für Ergänzungen Wandel-Winzer.

Zaisser mein Vorschlag Herrnst. [Herrnstadt], weil er besser das Ohr an der Masse hatte als wir. Vorschlag ist keine Musterlösung. Meine Linie ist: W. U. [Walter Ulbricht] ist für falsche Linie (II. P'konf) [II. Parteikonferenz] nicht mehr verantwortlich als wir alle. Sein falscher Kurs ist nacktes Administrieren – falsche Erziehung der Kader usw., das hat die Partei verdorben, mit dieser Einstellung ist der neue Kurs nicht durchzuführen. Er muß darum vom Parteiapparat ferngehalten werden. Der Apparat in der Hand W. U. ist eine Katastrophe für den neuen Kurs.

Ulbricht der Vorschlag Herrnst. + Zaisser auf Beseitigung des Sekretariats ist eine Gefahr. Der Vorschlag Zaisser, Herrnst. als l. Sekr. zu nehmen, ist eine logische Folge.

Zaisser verwahrt sich. U. war mit Beseitigung des Sekretariats einverstanden.

Herrnstadt ebenso

Rau U. *Arbeitsmethode* hemmt die Partei. Hat U. die Kraft, das zu ändern? Die Wochen haben das nicht gezeigt. Wenn ein anderer die Parteiorg. [anisation] als Walter nimmt u. l. Sekretär wird, ist das besser.

Ackermann man muß auch die Regierung verändern. Gr. [Grotewohl] muß verpflichtet werden, in Mo. [Moskau] zum Ausdruck zu bringen, daß noch keine Beschlüsse vorliegen. Die Partei gesunden, aber nicht mit W. U.

Ebert für Sekretäre. Es wäre ein Gewinn für die Partei, wenn der Gen. W. U. selbst erklären würde, ein anderer muß l. Sekretär werden.

E. Schmidt ich war völlig verschüchtert, begrüße das freie und ernste Auftreten von Zaisser. Du kannst nicht mehr an der Spitze der Partei stehen.

Matern der erste Sekretär muß U. sein.

Oelßner das Auftreten H. [Herrnstadt] + Zaisser deutet auf Gruppenbildung. U. hat uns alle für Dummköpfe gehalten. W. [Walter] hat nicht gelernt. Man muß kollektiv arbeiten. Man braucht keinen l. Sekretär, sondern kollektive Entscheidung.

Jendretzky W. hat nicht gelernt.

Mückenberger für die Bezirke gab es keine zentrale Leitung mehr. Alle sind überlastet.

Gr. ich kann in Moskau keine abschließende Äußerung abgeben.

W. U. Kritik Ackermann war richtig, mein Verhalten Geburtstag falsch. Ich werde im ZK Standpunkt beziehen. Ich bin nicht der Meinung, daß ich l. Sekr. sein muß. Dazu gehört Vertrauen, das muß erst wieder kommen.

U. Vorschläge H. + Zai. [Zaisser] i. Ausschuß waren ein Experiment. Ich werde vor dem ZK meine Erklärung abgeben.

(Handschriftliche Aufzeichnungen Otto Grotewohls; SAPMO-BArch, DY 30, NL 90/699, Bl. 101-103; abgedruckt bei Hoffmann/Schmidt/Skyba, DDR, S. 174 ff.)

[8] Walter Ulbricht auf dem SED-Parteitag 1954 über den 17. Juni, 30.3.1954

Die junge Staatsmacht der Arbeiter und Bauern hat im vorigen Jahr, als die faschistischen Provokateure ihren Putsch organisierten, ihre Festigkeit gezeigt. Auf die Frage westdeutscher Werktätiger, was am 17. Juni 1953 war, möchte ich klar antworten: Die Vertreter der amerikanischen Besatzungsmacht und die aggressiven Kräfte in Bonn hatten schon seit langer Zeit offen die Losung der Eroberung der Deutschen Demokratischen Republik ausgegeben. Nach der Verkündung des neuen Kurses setzten sie alles ein, um die Verbesserung der Lebenshaltung der Werktätigen und die Festigung der demokratischen Gesetzlichkeit zu verhindern.

Die Hintermänner des faschistischen Putsches kamen vom Ministerium des Herrn Kaiser und standen unter unmittelbarer Leitung eines unter der irreführenden Bezeichnung „Forschungsbeirat für Fragen der Wiedervereinigung Deutschlands“ zusammengefaßten Gremiums.

Diesem gehören an:

der Vorsitzende des Verwaltungsrates der Berliner Zentralbank, der die Interessen der west-deutschen Bankvereinigung vertritt;

der Vertreter des Verbandes der deutschen Industrie, der die Konzernherren vertritt;

der Vertreter der deutschen Arbeitgeberverbände;

der in der Deutschen Demokratischen Republik enteignete Junker Friedrich Karl von Zitzewitz-Muttrin, der die Großgrundbesitzer vertritt;

und selbstverständlich die amerikahörigen Funktionäre des DGB: Rosenberg, Scharnowski und Hirche;

sowie die SPD-Mitglieder Bertsch, Dr. Seume und Wehner, die den großkapitalistischen Interessengruppen Hilfsdienste leisten.

Die uns bekannten Beratungen des „Forschungsbeirates" hatten das Ziel, durch einen Putsch die Arbeiter- und Bauernmacht in der Deutschen Demokratischen Republik zu stürzen und dann die ehemaligen Konzernbetriebe ihren früheren Besitzern zurückzugeben. Das Programm der Putschisten war in der Landwirtschaft gegen die Klein- und Mittelbauern gerichtet, die entsprechend dem „Grünen Plan" Westdeutschlands in großbäuerliche Wirtschaften verwandelt werden sollten. Die Initiatoren des Putsches in der Deutschen Demokratischen Republik waren Faschisten, die früher Funktionäre von Hitlerorganisationen gewesen waren, Agenten des Ostbüros der SPD und verschiedene Agenten des Kaiser-Ministeriums, die sich in die kleinbürgerlichen Parteien in der Deutschen Demokratischen Republik eingeschlichen hatten. Gewisse aggressive Kreise der USA waren an einer Verschärfung der internationalen Lage interessiert; und deshalb waren sie bereit, ihre Reserven in der Deutschen Demokratischen Republik einzusetzen und in einem solchen Putsch zu opfern.

(Protokoll des IV. Parteitages der SED, Bd. 1, Berlin (Ost) 1954, S. 60 f.)

[9] Walter Ulbricht: Zehn Jahre DDR, 6.10.1959

Zehn Jahre Deutsche Demokratische Republik, das sind zehn Jahre Kampf um das neue Deutschland. Heute wissen wir, daß dem neuen Deutschland die Zukunft gehört.

Die Gründung der Deutschen Demokratischen Republik war ein Wendepunkt in der Deutschen Geschichte. Der Wille der herrschenden Kreise des westdeutschen Monopolkapitals, auch um den Preis der Spaltung Deutschlands die Restauration der alten Staatsmacht und der kapitalistischen Ausbeutung durchzuführen, bewies, daß es nicht genügte, durch die Bildung der DDR den reaktionären Kreisen in Westdeutschland den Weg zu versperren, sondern daß der Arbeiter-und-Bauern-Staat der Deutschen Demokratischen Republik das Beispiel für ganz Deutschland geben mußte. Wir verzögerten damals manche Maßnahmen in der Richtung des Aufbaus des Sozialismus, weil wir noch einen Versuch machen wollten, die Pläne der separatistischen Staatspolitik Westdeutschlands zu durchkreuzen. [...]

Herr Adenauer ging nicht den Weg nach Berlin, sondern nach New York, London oder Paris und unterzeichnete die Pariser Verträge der Spaltung Deutschlands und der Eingliederung Westdeutschlands in die NATO. Die Politik des deutschen Militarismus, das war und ist die Politik des Unmenschlichen. Unter Hitler wurde sie nationalsozialistisch dekoriert, jetzt wird die christliche Lehre zur Tarnung benutzt. Jetzt leben unsere Schwestern und Brüder in Westdeutschland unter der ständigen Furcht der Atomrüstung und des Militarismus.

Und wie steht unser volksdemokratischer Staat 1959 da? Das große Werk ist gelungen! Die Arbeiterklasse hat im Bündnis mit den werktätigen Bauern, der Intelligenz, dem Mittelstand bewiesen, daß sie imstande war, den demokratischsten Staat der deutschen Geschichte aufzubauen. Das arbeitende Volk hat unzählige fähige Frauen, Männer und Jugendliche hervorgebracht, die schöpferisch die neue Wirtschaftsordnung aufbauen. Die westdeutschen Minister, die bewiesen haben, daß sie nicht einmal die Kohlenkrise beseitigen können, die nicht mehr imstande sind, die Rückständigkeit in großen Teilen ihres Schulwesens zu verschleiern, sind gezwungen, insgeheim die Leistungen des arbeitenden Volkes in der DDR anzuerkennen; viele Persönlichkeiten aus dem Westen haben es auf der Leipziger Messe auch offen gesagt.

Am zehnten Jahrestag der Republik können wir sagen: Unsere Sache steht ausgezeichnet. Gibt es ein Land in der Welt, in dem nicht über die Vorschläge der Deutschen Demokratischen Republik zur friedlichen Lösung der deutschen Frage gesprochen wird? Außer einigen westlichen Juristen wird niemand bestreiten können, daß die gleichberechtigte Teilnahme der Deutschen Demokratischen Republik an der Genfer Außenministerkonferenz die De-facto-Anerkennung der DDR bedeutete. Die Delegation der Deutschen Demokratischen Republik hat in Genf für die Sache des Friedens gewirkt und ihren Beitrag geleistet zur Annäherung und Verständigung und zur friedlichen Lösung der deutschen Frage. Vor zehn Jahren, bei der Gründung der DDR, hieß es: Pieck ist Trumpf! Jetzt hat die ganze DDR ein so hohes Ansehen wie ihr hochverehrter Präsident. Die DDR ist Trumpf!

Die Hauptaufgabe ist in Deutschland zu lösen, wo noch die Reste des Hitlerkrieges das Volk beunruhigen, in West-Berlin noch das Besatzungsstatut besteht und ausländische Besatzungstruppen stehen. Auch in Westdeutschland ist es Zeit, daß das Volk Geschichte macht. Die Bevölkerung der DDR wendet sich an ihre Schwestern und Brüder in Westdeutschland mit dem Vorschlag, ein deutsches Friedensprogramm zu schaffen und sofort mit dem Rüstungsstopp zu beginnen.

Als auf dem V. Parteitag die zehn Grundsätze der sozialistischen Moral begründet wurden, da gab es noch wenig Beispiele. Heute werden die Grundsätze der sozialistischen Moral in den Brigaden der sozialistischen Arbeits- und Forschungsgemeinschaften, in den Hausfrauenbrigaden lebendige Wirklichkeit. Das fünfte Gebot lautet:

Du sollst beim Aufbau des Sozialismus im Geiste der gegenseitigen Hilfe und der kameradschaftlichen Zusammenarbeit handeln, das Kollektiv achten und seine Kritik beherzigen.

Die Zusammenführung von Staaten mit gegensätzlichen gesellschaftlichen Systemen ist eine sehr schwere Aufgabe, für die es kein Beispiel in der Geschichte gibt. Die Regierung der Deutschen Demokratischen Republik schlug darum am 26. Juli 1957 in einer programmatischen Erklärung zur Sicherung des Friedens in Europa und zur Wiedervereinigung Deutschlands vor, beide deutsche Staaten auf der Grundlage einer Konföderation zusammenzuführen und einen gesamtdeutschen Rat, der sich paritätisch aus Vertretern beider deutscher Staaten zusammensetzt, zu bilden.

Die Bildung eines Staatenbundes zwischen der Deutschen Demokratischen Republik und der Deutschen Bundesrepublik auf der Basis eines völkerrechtlichen Vertrages würde den Weg von lockeren Kontakten über feste Bindungen bis zur friedlichen, demokratischen Vereinigung der beiden deutschen Staaten ermöglichen. Dabei können in Westdeutschland die militaristisch-faschistischen Elemente, die wieder ihr Haupt erhoben haben, zurückgedrängt und die Verhältnisse soweit demokratisiert werden, daß von Westdeutschland keine Bedrohung der Lebensinteressen unseres Volkes und anderer Völker mehr ausgeht.

Eine solche Konföderation schließt jedes Herrschaftsverhältnis des einen über den anderen deutschen Staat aus.

(Abgedruckt in: Arbeitsgemeinschaft Jugend und Bildung (Hrsg.), Nach vier Jahrzehnten. Ein Rückblick auf die deutsche Teilung, Wiesbaden 1990, S. 40 f.)

[10] MfS-Bericht über die Organisation von „Republikflucht" und die Lage der „Republikflüchtigen", 19.12.1958

A. Die Organisierung von Republikflucht als wesentlicher Bestandteil der aggressiven NATO-Politik

[...]

Die Bonner Machthaber haben entsprechende Ergebnisse einer solchen Tätigkeit – Fortsetzung der Spionage- und Diversionstätigkeit gegen den sozialistischen Aufbau der DDR, die Weiterführung der Versuche, die Bevölkerung unserer Republik ideologisch zu zersetzen und mit den Mitteln der Einschüchterung, der Drohung, Gerüchtemacherei und Erpressung Bürger der DDR zum illegalen Verlassen der DDR zu veranlassen – aber auch deshalb notwendig, weil es ihnen nicht nur um die ideologische Einflußnahme auf die Bevölkerung der DDR geht, sondern im Wechselspiel auf diese Weise entsprechende Argumente gefunden werden müssen, um von dem Volksnotstand in der Westzone abzulenken. Mit der Hetze und Verleumdung gegen die DDR, fundiert durch republikflüchtige Personen, glaubt man in Bonn mit Erfolg auf die Tränendrüsen des ahnungslosen Bundesbürgers drücken und ihn vergessen machen zu können, daß die Schatten der großen Krise schon heute wesentlich auf das Leben der westdeutschen Menschen einwirken, daß Selbstmorde aus Existenzangst ein ebenso gesellschaftliches Element der kapitalistischen Ordnung in Westdeutschland geworden sind wie Feierschichten, Arbeitslosigkeit, politische und wirtschaftliche Knebelung.

Das Lügengespinst, am aufgebauschten Beispiel von der in die Westzone abgeworbenen Bürgern der DDR eine gesteigerte Republikflucht konstruieren zu wollen, ist aber in gleichem Maße auch dazu ausersehen, die westdeutsche Bevölkerung und besonders die Angehörigen der Bonner NATO-Bundeswehr psychologisch gegen jedes fortschrittliche Gedankengut, das nun einmal in der DDR seine deutsche Heimat hat, zu immunisieren und mit solchen vom Leben tausendfach widerlegten Argumenten von der angeblichen „Unfreiheit in der DDR“ zu begründen, daß die „Befreiung der Ostzone“ eben eine Notwendigkeit sei.

[...]

B. Die soziale Lage der Republikflüchtigen in der Westzone

Die soziale Lage der Republikflüchtigen in der Westzone ist durch Ausweglosigkeit, materielle Not und Verzweiflung gekennzeichnet. In der Regel findet ein Republikflüchtiger über 45 Jahre keine Arbeitsstelle mehr, da die Konzernbetriebe die unverbrauchte Arbeitsleistung junger Menschen für ihre Ausbeutung vorziehen.

Unlösbar ist unter den Verhältnissen in der Westzone auch das Problem der Wohnraumbeschaffung, da nur Wohnungen gebaut werden, für die horrende Mietsummen und Baukostenzuschläge gezahlt werden müssen. Frauen bleibt keine andere Möglichkeit, als sich zu den schmutzigsten Arbeiten zu verdingen oder ihren Körper an wohlhabende Lüstlinge zu verkaufen. Bekommt ein Republikflüchtiger Arbeit, dann jedoch nur unter schwersten Bedingungen und drückendster Ausbeutung.

[...]

Manche der in bittere Not geratenen Republikflüchtigen sehen oftmals in Anbetracht ihrer ausweglosen Lage keinen anderen Weg, als aus dem Leben zu scheiden.

[...]

Zahlreich sind die Beispiele, in denen junge Mädchen und Frauen, die die DDR verließen, in der Westzone in den Sumpf der Unmoral gerieten und als Amüsiermädchen, Nackttänzerinnen und Dirnen ihr kärgliches Dasein fristen.

Aus dem westzonalen Flüchtlingslager Stukenbrock wurde bekannt, daß der Lagerleiter, um sich persönlich Nebeneinnahmen zu verschaffen, junge Mädchen in „interessierte Kreise" vermittelt. Zu diesen Kreisen zählen vorwiegend Besitzer zweifelhafter Amüsierlokale in Paderborn, „Herrenparties" von Fabrikanten, Geschäftsleuten, Besatzern und Offizieren der Bundeswehr. Aus bitterer Not, um sich ein paar Mark zu verdienen, sind diese Mädchen, die ihre gesicherte berufliche Existenz in der DDR meist unbegründet verließen, jetzt darauf angewiesen, ihren Körper zu verkaufen. Besonders an Wochentagen reißt der Zustrom schnittiger Wagen vor dem Flüchtlingslager nicht ab, wenn sich die Neureichen aus den umliegenden Städten ihre Amüsierware holen.

Auch das Flüchtlingslager Westertimke im Kreis Bremerförde ist ebenso wie Stukenbrock zum Umschlagplatz für Mädchen geworden, die die bestimmenden Verhältnisse im

Bonner Staat dazu zwingen, sich wegzuwerfen, um nicht zu verhungern.

[...]

(MfS-Abteilung Agitation; Arbeitsmaterial; 32 Seiten; streng vertraulich. BStU, ZAIG/1/9283/4.)

[11] Bericht der Hauptverwaltung Deutsche Volkspolizei über polizeiliche Aufgaben bei der Kollektivierung der Landwirtschaft, 15.3.1960

[...] Unter Führung des Zentralkomitees, der Bezirks- und Kreisleitungen unserer Partei geht die sozialistische Umgestaltung der Landwirtschaft in schnellem Tempo voran. [...] Die deutschen Imperialisten und Militaristen [...] fürchten die immer sichtbarer werdende Überlegenheit unserer Arbeiter-und-Bauern-Macht und versuchen in zunehmendem Maße, die sozialistische Umwälzung auf dem Lande mit allen Mitteln aufzuhalten. Die heimtückischen Angriffe der Militaristen und ihrer gedungenen Handlanger reichen von der Hetze, Brandstiftung und Sabotage bis zum hinterhältigen Überfall und Mord. [...]

Bei der Untersuchung der gegnerischen Tätigkeit muß man berücksichtigen, daß es in unserer Republik noch eine Anzahl von Gemeinden gibt, in denen es bisher nicht gelang, eine LPG zu bilden. Die Erfahrungen zeigen, daß besonders in diesen Gemeinden, aber auch in anderen, in denen schwache LPG bestehen, oft die gegnerische Tätigkeit die Ursache ist. [...]

Als hemmender Faktor erweisen sich oftmals die privaten landwirtschaftlichen Vereinigungen wie Großtierzuchtgemeinschaften, Weidegemeinschaften, Schafhaltervereine u. ä. In der Republik gibt es gegenwärtig 1.356 selbständige private landwirtschaftliche Vereinigungen, in denen 51.491 Bürger, vorwiegend Bauern, organisiert sind. [...]

Die *Brände in der Landwirtschaft* zeigen eine ständig steigende Tendenz – ein Beweis verstärkter Feindtätigkeit. Besonders konzentriert sich der Klassengegner auf die LPG und VEG. [...]

Eine starke Kriminalität gibt es auf dem Gebiet der *tierischen Produktion*. Insbesondere zeigte sich im Jahre 1959 eine steigende Tendenz der Vergiftung und Verendung von Großvieh. [...] Als Schuldige bei Viehverendungen treten häufig Melker, Schweinepfleger und Schäfer in Erscheinung. Oft handelt es sich um ehemalige faschistische, arbeitsscheue bzw. andere moralisch verkommene Elemente. Aus feindlicher Einstellung und Haß gegen die LPG wird das ihnen anvertraute Vieh mißhandelt, ungenügend gepflegt und gefüttert oder anderweitig gröblichst vernachlässigt. [...]

Feindliche Elemente sind auch bestrebt, durch Verbrechen in der *pflanzlichen Produktion* unserer Republik Schaden zuzufügen. Formen und Methoden dabei sind: Nichtbestellung von Nutzflächen, Nichteinhaltung der Ablieferungs- und Anbautermine sowie Produktionspläne, Unterlassung von Pflegearbeiten, Bewirtschaftung verheimlichter Flächen, Teilung von Bauernhöfen in Zwillingswirtschaften, böswillige Nichtablieferung u. a. Der Bauer B. aus dem Kreis Zerbst ließ 10 Morgen Land unbewirtschaftet liegen und baute auf der restlichen Wirtschaftsfläche entgegen allen Ablieferungsveranlagungen nur Gemüse an. Aus spekulativer Absicht hält er keine Schweine und Rinder. [...]

Im Kreis Havelberg verheimlichen zwei reaktionäre Elemente sieben Hektar landwirtschaftliche Nutzfläche sollmäßig. Sie fütterten Schweine und Rinder und führten sie dem freien Aufkauf zu. Von 1956 bis 1959 lieferten sie so insgesamt 69 Schweine, 10 Rinder und 3 Kälber. Nach bisherigen Feststellungen erzielten sie einen Gewinn von 80.000,– DM. [...]

Noch immer zeigt sich in manchen „Richtlinien“, „Hinweisen“ u. ä. die Tendenz, als könne und sollte der ABV den ganzen Partei- und Staatsapparat auf dem Lande ersetzen. Er wird für *alles* verantwortlich gemacht, was im Dorfe geschieht. Zum Beispiel soll er dafür sorgen, daß nur hochwertiges Saatgut ausgeliefert wird, die Traktoristen die LPG-Felder nicht nur mengen-, sondern auch qualitätsmäßig richtig bestellen, das Vieh richtig gezählt wird, die VdgB ihre Vorstände wählt u. ä. mehr. [...]

Die Hauptaufgabe des Land-ABV besteht also darin, die feindliche Tätigkeit aufzudecken und zu liquidieren, Sicherheit und Ordnung zu garantieren und die sozialistische Gesetzlichkeit zu festigen. Es kommt darauf an, dem Land-ABV und überhaupt jedem Volkspolizisten den „Polizeiblick" zu schärfen, die Verantwortung für die polizeiliche Sicherheit zu erhöhen. Volkspolizisten sind nicht in erster Linie Agitatoren, sondern Hüter von Sicherheit und Ordnung.

Viele Dienststellenleitungen berücksichtigen in ihrer Führungstätigkeit ungenügend, daß die Tätigkeit der feindlichen Kräfte häufig nur oberflächlich bekannt ist.

Sie besitzen nur einen allgemeinen Überblick über die Feindtätigkeit und kennen nicht konkret die konterrevolutionären feindlichen Elemente, ihre Treffs und die verbrecherischen Methoden ihrer Handlungen.

Teilweise sind die gegnerischen Kräfte bekannt, nicht aber die Art und Weise ihrer feindlichen Tätigkeit. Bei Verbrechen wird noch immer zu wenig berücksichtigt, welche wirklichen Motive den Handlungen zugrunde liegen, wer die Hintermänner sind und worin die tatsächliche Zielsetzung des Verbrechens besteht.

Diese Tatsachen erklären mit, warum wir in den Dörfern nicht weiter gekommen sind, in denen noch keine oder eine sehr schwache LPG vorhanden ist. Hinzu kommt, daß aus dem unzureichenden Verstehen der politischen Entwicklung auf dem Dorfe eine unrichtige Aufgabenstellung in der polizeilichen Arbeit resultiert. Aus der Offensivlinie unserer Partei „sozialistische Umgestaltung des Dorfes" wurde eine einseitige Aufgabenstellung „Schutz und Sicherheit der LPG" gemacht. Als Schlußfolgerung daraus ergab sich eine einseitige Orientierung der Volkspolizeikräfte auf die Dörfer mit LPG – wobei die Dörfer, in denen der Klassenfeind die Bildung bzw. weitere Entwicklung der LPG verhinderte, ohne polizeilichen Schutz blieben.

Die Dienststellenleitungen müssen gegenwärtig besonders beachten, daß die feindlichen Kräfte in einer großen Zahl von Dörfern, Kreisen und sogar Bezirken durch den schnellen Prozeß der sozialistischen Umwälzung überrascht wurden. Bevor sie den Widerstand wirksam organisieren konnten, hielten sie es im Zuge der Massenbewegung für zweckmäßig, selbst Mitglied der LPG zu werden. Die Volkspolizei muß davon ausgehen, daß solche Elemente durch den Eintritt in die LPG ihre feindliche Einstellung nicht geändert und die gegnerische Tätigkeit nicht aufgegeben haben. Versuche, die LPG von innen zu zersetzen, müssen rechtzeitig erkannt und zunichte gemacht werden. [...]

Die Dienststellenleitungen müssen die politisch-operative Führungstätigkeit so organisieren, *daß alle Volkspolizisten befähigt werden, die Klassenkräfte auf dem Lande richtig zu analysieren und dabei gut zu differenzieren.* Die Feinde der sozialistischen Umgestaltung werden nicht nur durch eine bestimmte Größe des Bodenbesitzes gekennzeichnet. Es gibt z.B. Großbauern, die auf dem Wege in die LPG sind oder bereits ehrlich in ihr arbeiten. Andere dagegen spekulieren, leisten aktiven Widerstand oder organisieren Schädlingsarbeit innerhalb der LPG. Manche Elemente, die heute die Position des deutschen Militarismus vertreten, haben gar nicht viel besessen, waren aber nicht selten aktive Faschisten. [...] Die Klarheit darüber, wer die feindlichen Kräfte sind, ist eine Grundvoraussetzung für die richtige Lösung der polizeilichen Aufgaben. [...] Ebenso sorgfältig muß beachtet werden, daß nicht jeder Bauer, der den Schritt in die LPG heute noch nicht zu tun gewillt ist, als „Gegner“ oder als „Feind“ bezeichnet und behandelt werden darf. Ähnlich verhält es sich auch mit anderen vielfältigen und oft komplizierten Erscheinungen innerhalb der LPG.

In einem Dorfe machte z.B. ein Genossenschaftsbauer kurz nach seinem Eintritt eine unbedachte verleumderische Äußerung gegen die sozialistische Umgestaltung und die LPG. Bei der Untersuchung stellte sich heraus, daß er verärgert war, weil „seine“ Kuh, die er in die LPG eingebracht hatte, nicht sauber genug gepflegt wurde.

Die Dienststellenleitungen müssen in der politisch-ideologischen Arbeit mit den Volkspolizisten diesem Entwicklungsprozeß besondere Aufmerksamkeit widmen; mit den neuen Produktions- und Eigentumsverhältnissen in den LPG verändert sich nicht auch im gleichen Tempo sofort das Bewußtsein des Menschen! Darum ist es notwendig, gut zu differenzieren, jeden Fall sorgfältig zu prüfen und gegebenenfalls mit den Partei- und anderen staatlichen Organen zu beraten. [...]

(SAPMO-BArch, DY 30, 1/11/148; abgedruckt bei Hoffmann/Schmidt/Skyba, DDR, S. 360–364.)

[12] Fünf Bauernregeln: Walter Ulbricht nach der Kollektivierung der Landwirtschaft, 25.4.1960

[...]

1. Du hast als Genossenschaftsbauer selbst die Bauernbefreiung unter der Führung der Arbeiterklasse mit errungen. Hüte stets das Bündnis mit der Arbeiterklasse wie deinen eigenen Augapfel; denn das Bündnis der Arbeiterklasse und der Bauern ist die Grundlage des Friedens, der Demokratie und des Sozialismus.
2. Du bist als Genossenschaftsbauer Miteigentümer. Schütze das genossenschaftliche Eigentum und hilf es zu mehren zu deinem eigenen Wohl und zum Wohle aller!
3. Du bist Genossenschaftsbauer; handele als gleichberechtigtes Mitglied deiner Genossenschaft so, wie du es von jedem anderen Kollegen erwartest! Auch dein Glück ist von der gemeinschaftlichen Zusammenarbeit aller Mitglieder der Genossenschaft und aller Werktätigen abhängig.
4. Du bist Genossenschaftsbauer geworden, weil du für deine Familie, für deine Kinder und für unser ganzes Volk ein schönes Leben wünschst. Hilf mit, daß das genossenschaftliche Dorf zum schönen sozialistischen Dorf wird!

5. Du bist Genossenschaftsbauer und trägst den Ehrentitel: Bürger des ersten deutschen Arbeiter-und-Bauern-Staates. Tue alles in deinen Kräften Stehende zum Schutz und zur Stärkung unseres deutschen Friedensstaates, der die Grundlage bildet für die Wiedervereinigung unseres deutschen Vaterlandes! [...]

(Protokolle der Volkskammer der Deutschen Demokratischen Republik 1960, S. 402.)

[13] Erich Mielke: „Zur Lage in der DDR", 20.6.1961

Die Lage in der DDR ist so, daß bestimmte Schwierigkeiten bestehen, z.B. in der Industrie, auf dem Sektor Kohle und in der Chemie. Auch im Transportwesen und in der Landwirtschaft gibt es in gewisser Hinsicht eine schwierige Lage. Im Brief des Politbüros vom 13.6.1961 werden z.B. ganz konkrete Maßnahmen und Aufgaben in bezug auf die Senkung der Viehsterblichkeit festgelegt. Hier liegt die Notwendigkeit vor, mit allen Kräften diese Maßnahmen durchzuführen und alle Menschen dafür zu mobilisieren.

Schwächen bestehen in der Landwirtschaft auch in der Richtung, daß die Beschlüsse des VI. Deutschen Bauernkongresses – das Jahr 1961 zum Jahr der guten genossenschaftlichen Arbeit zu machen – oft nicht durchgeführt werden.

In einigen Bezirken arbeiten bis zu 40 % der Bauern noch nicht genossenschaftlich. Ein Teil der LPG ist mit Maschinen unterbesetzt, andere können die vorhandenen Maschinen nicht genügend ausnutzen.

Es gibt auch solche Erscheinungen, wo die Viehsterblichkeit außerordentlich hoch ist. In den meisten Fällen ist die Ursache nicht in Feindtätigkeit, sondern in der ungenügenden Mobilisierung der Menschen für eine ordentliche und gründliche Arbeit zu suchen. Weiterhin gilbt es solche Erscheinungen, daß Bauern aus LPG austreten und auf kleineren Flächen einen intensiven Gartenbau betreiben und daraus ein hohes Maß an landwirtschaftlichen Produkten erzielen. Andererseits leiden die LPG an Arbeitskräftemangel. Auch im Handel und in der Versorgung gibt es einige Mängel; z. T. fehlt es nicht an Ware, aber durch subjektive Auslegung der Beschlüsse und Weisungen ist teilweise eine schlechte Verteilung vorhanden.

Teilweise gibt es eine gewisse Desorganisation in Teilen des Staatsapparates, die ihre Ursachen in subjektiven Auffassungen einzelner Mitarbeiter des Staatsapparates haben. Z.B. wird die Produktion und Verteilung der 1.000 kleinen Dinge nicht immer genügend beachtet. Alle diese Faktoren wirken in bestimmtem Maße auf die Bevölkerung und erzeugen örtlich Unzufriedenheit. Der Gegner „trommelt“ auf diesen Problemen, um sie für seine Propaganda auszunutzen.

Die R-Flucht steigt trotz angewiesener und eingeleiteter Maßnahmen weiter an. Örtlich und auch in einigen Großbetrieben gibt es eine bestimmte „positive“ Unzufriedenheit, d.h. die Forderungen, mehr zu produzieren, werden bereitwillig aufgenommen, aber die Arbeiter verweisen auf Schwierigkeiten, die die Entwicklung der Produktion hemmen und Ausdruck ungenügender staatlicher und wirtschaftlicher Leitungstätigkeit sind.

Teilweise treten unsere Partei- und Gewerkschaftsfunktionäre nicht immer richtig auf. Mitunter setzen sie sich an die Spitze der unzufriedenen Diskussionen.

Eine genaue Analysierung der Arbeitsniederlegungen zeigt solche Erscheinungen, daß vereinzelt in Großbetrieben Arbeitsniederlegungen auftreten, wie sie sich vor bestimmter Zeit in Klein-, halbstaatlichen und privaten Betrieben zeigten.

Es gibt eine zunehmende Hetze von seiten des Gegners gegen die DDR, und es liegen Hinweise vor, daß die feindlichen Geheimdienste in der Richtung arbeiten, an bestimmten Stellen der DDR Stützpunkte für die Realisierung ihrer Pläne zu schaffen.

Alle Momente, wie sie im Zusammenhang mit der Lage in der DDR dargelegt sind, können dem Gegner erlauben, bestimmte Aktionen auszulösen. Deshalb ist es unerläßlich, daß wir alle Kräfte anspannen und mobilisieren, um die Mängel schnellstens zu beseitigen. Nichts ist gefährlicher, als sich zu beruhigen. Die großzügige Hilfe der Sowjetunion enthebt uns nicht vor einer Steigerung unserer Produktion und Erweiterung unserer Erzeugnisse, sondern zwingt uns zur Ausnutzung aller Reserven.

In der DDR ist es richtig, daß wir die Erfolge unserer Republik feiern und preisen, aber man darf nicht die Augen vor Schlechtem und vor Schönfärberei verschließen.

Wir stehen jetzt unmittelbar vor dem 20. Jahrestag des faschistischen Überfalls auf die Sowjetunion. Genosse Chruschtschow hat Kennedy in Wien alle Wahrheiten gesagt, was wird, wenn sie es unternehmen, einen neuen Angriff auf die Sowjetunion zu riskieren. Aber es zeigt sich, daß Kennedy andere, gefährlichere Wege als sein Vorgänger Eisenhower zur Durchsetzung der Absichten der Imperialisten einschlägt. Das Ziel seiner Pläne ist das gleiche wie bei Eisenhower. Es muß auch darauf verwiesen werden, daß sich im Westen die Stimmen mehren, die die Lage in der Welt real einschätzen und die an einer Festlegung der gegenwärtigen Verhältnisse in einem Friedensvertrag interessiert sind.

Welche operativen Aufgaben ergeben sich daraus?

a) Alle IM sind auf die Aufgaben zu orientieren, die mit der Vorbereitung und dem Abschluß eines Friedensvertrages verbunden sind.
b) Die Ergebnisse der Konsultationen der Westmächte und ihre Reaktion zum Memorandum der UdSSR sind aufzuklären. Dabei sind Möglichkeiten zur weiteren Verstärkung des Differenzierungsprozesses in Westdeutschland aufzudecken und auszunutzen.
c) Alle feindlichen Pläne und Maßnahmen, die den Abschluß eines Friedensvertrages verzögern oder stören sollen, müssen erkannt und entlarvt werden.

Von großer Wichtigkeit ist die Entlarvung der verständigungsfeindlichen Politik der Ultras in Westdeutschland. Die Gefährlichkeit der Weiterführung der Atomkriegspolitik der Bonner Militaristen muß noch stärker nachgewiesen werden.

Alle Möglichkeiten sind auszunutzen, um zu erkunden, mit welchen Maßnahmen der SU und der DDR der Westen in bezug auf den Abschluß eines Friedensvertrages und die Schaffung einer entmilitarisierten freien Stadt Westberlin rechnet und welche Gegenmaßnahmen von seiner Seite in bezug auf Westberlin geplant sind.

d) Bei Abschluß eines Friedensvertrages ist mit der Einstellung des Innerdeutschen Handels zu rechnen. Deshalb sind schon jetzt vorbeugende und Sicherungsmaßnahmen einzuleiten. Weiterhin sind die Bemühungen zur Herstellung der ökonomischen Unabhängigkeit von Westdeutschland zu forcieren.

e) Es muß in Erfahrung gebracht werden, welche Maßnahmen die Agenten- und anderen DDR-feindlichen Organisationen vorbereiten, um ihre Arbeit unter den veränderten Bedingungen von Westberlin und Westdeutschland aus durchzuführen.

Es ist mit der Zunahme der feindlichen Tätigkeit zu rechnen. Darum sind alle negativen Momente genau aufzuklären, zu untersuchen und zu beseitigen.

Die Kenntnis über die feindliche Agenturbasis in der DDR ist zu vervollständigen und genau unter Kontrolle zu halten.

f) Noch größere Anstrengungen zur Bekämpfung und Eindämmung der R-Fluchten sind zu unternehmen. Im Hinblick auf den Abschluß eines Friedensvertrages kann eine „Tor-Schluß-Panik“ in der Richtung der Verstärkung der R-Flucht wirken.

(Die Materialien über die Bekämpfung der R-Flucht sind auf den neuesten Stand zu bringen.)

Die Grenzgänger in Berlin und in den Randgebieten von Berlin sind für bestimmte politische und operative Maßnahmen auszunutzen.

g) Am Ring um Berlin sind die Sicherungsmaßnahmen zu überprüfen und die örtliche Verantwortlichkeit der Sicherungskräfte ist genau festzulegen.

In diesem Zusammenhang muß auch geprüft werden, ob nicht in den Kreisdienststellen der Grenzkreise am Ring um

Berlin und an der Staatsgrenze West die befähigsten operativen Leiter eingesetzt werden sollten, die in der Lage sind, die gesamten Sicherungsorgane unter unsere Führung bzw. Kontrolle zu nehmen.

h) Im Hinblick auf die neuen Maßnahmen muß auch der Entwicklung neuer technischer Mittel in bezug auf die Herstellung der operativen Dokumente der IM Rechnung getragen werden. Es sind mehr Schweigepunkte zu schaffen.

Alle Diensteinheiten müssen ihren Beitrag zur Lösung der neuen Probleme bringen, indem sie alle Signale feindlicher Arbeit und andere wichtige Momente genau prüfen, sich in ihrem Bereich ein klares Bild erarbeiten und die Pläne des Feindes erkennen helfen.

Zu einigen anderen Fragen:

In den letzten Wochen gab es drei typische Beispiele, die zeigen, daß wir die operative Arbeit noch nicht voll beherrschen.

Es handelt sich um die Beispiele: Hennigsdorf, Halle und die Staatliche Plankommission.

Z. B. wurde in dem Fall Hennigsdorf klar, daß sich die Kreisdienststellen noch ernsthaft bemühen müssen, eine solche Arbeitsweise herbeizuführen, die die operative Arbeit ständig verfolgen muß und nicht erst dann, wenn sich Schwerpunkte herausgebildet haben. Es gilt darum, daß wir rechtzeitig die Konzentrierung negativer Elemente oder die Bildung anderer Schwerpunkte verhindern. In dieser Richtung ist auf allen Linien noch eine Verstärkung der Arbeit notwendig.

Diese Beispiele zeigen auch, daß sich die operativen Leiter noch mehr mit den Methoden der operativen Arbeit befassen müssen.

Es muß in diesem Zusammenhang darauf verwiesen werden, daß bei uns das Prinzip der Einzelleitung herrscht und die

Verantwortung nicht verschoben werden kann, indem man sich hinter „die Leitung“ verschanzt. Die Einzelleitung hindert nicht, kollektiv zu arbeiten. Sie erfordert, daß man sich politisch berät, sich die Meinung sagt, als Leiter selbst den größten Beitrag im Kollektiv leistet, aber daß man selbst entscheidet und die Verantwortung trägt.

Es gibt auch noch solche Beispiele, daß in Parteiversammlungen – also im großen Kreis – über konkrete operative Fragen gesprochen wird. Es ist ein festes Prinzip der tschekistischen Arbeit, daß nur derjenige von bestimmten Maßnahmen Kenntnis haben darf, der mit deren Durchführung beauftragt ist. Der Gegner darf auf keinen Fall Kenntnis von unseren Maßnahmen und Plänen erhalten, weil wir dadurch die Sicherung unserer Republik schwächen. In diesem Zusammenhang ist eine noch strengere Abgrenzung in der Arbeit erforderlich. Es muß darauf verwiesen werden, daß in der Vergangenheit eine Reihe von Maßnahmen und Aufgaben nur lösbar waren, weil alle Vorbereitungen streng geheim getroffen wurden. Eine solche Arbeitsweise hat nichts mit Mißtrauen zu tun.

Zusammenfassend ergeben sich also 3 große Schlußfolgerungen,

a) alle Maßnahmen zur politischen und ökonomischen Stärkung der DDR durchzuführen,
b) ein großes Maß an patriotischer Wachsamkeit zu entwikkeln, um rechtzeitig alle Möglichkeiten zur Sicherung der Republik ausnutzen zu können,
c) die DDR als Bastion des Friedens weiter zu stärken und keine Schwächung zuzulassen.

(Aus dem 33seitigen „Protokoll über die erweiterte Kollegiumssitzung [im Ministerium für Staatssicherheit] vom Dienstag, den 20.6.61; 10.00 bis 17.00 Uhr. STRENG GEHEIM! Persönlich!“ BStU, SdM, ZAIG 833.)

[14] Direktive des SED-Politbüros zur Kampfbereitschaft der Partei, 4.8.1961

Direktive zur Schaffung einer hohen Kampfbereitschaft der Partei und der Arbeiterklasse und Sicherung einer offensiven Massenarbeit zur weiteren politischen und ökonomischen Festigung der DDR [sechs Exemplare, Auszug]

Von der Rolle und Stärke der DDR, von der Kampfbereitschaft der Partei und Arbeiterklasse hängt im entscheidenden Maße die Sicherung des Friedens in Deutschland und Europa ab.

Die Erhöhung der Aktivität der Partei, ihre enge Verbindung zur Arbeiterklasse und die allseitige politische und ökonomische Festigung der Republik ist deshalb die Voraussetzung dafür, daß die DDR ihre Aufgabe als Bastion des Friedens erfüllen kann.

Der Abschluß eines Friedensvertrages ist erbitterter Klassenkampf. Er muß im harten Ringen gegen die Bonner Ultras, die mit Abbruch der Wirtschaftsbeziehungen u. a. Provokationen drohen, durchgesetzt werden.

Aus dieser Lage ergeben sich eine Reihe notwendiger Maßnahmen zur Stärkung der Kampfkraft der Partei, zur Verbesserung der politischen Massenarbeit und Sicherung der Republik vor Anschlägen des Feindes.

I. Maßnahmen zur Stärkung der Kampfkraft der Partei

1. Alle Bezirks- und Kreisleitungen haben sofort die höchste Kampfbereitschaft herzustellen und zu gewährleisten, daß die Parteiarbeit auch unter den schwierigsten Bedingungen durchgeführt wird. Das bedeutet:
   a) Sicherung der ideologisch-politischen Einmütigkeit der Parteiorgane und ihres Apparates zur konsequenten Durchsetzung der Beschlüsse des ZK;
   b) tägliche Einschätzung der Lage;
   c) volle Besetzung aller wichtigen Funktionen mit zuverlässigen, treu ergebenen Genossen;

IfGA, ZPA, IV 2/5/36

Berlin, den 4.8.1961
Kn/Meu/Schü 6 Exemplare

41

Direktive

zur Schaffung einer hohen Kampfbereitschaft der Partei und der Arbeiterklasse und Sicherung einer offensiven Massenarbeit zur weiteren politischen und ökonomischen Festigung der DDR

Von der Rolle und Stärke der DDR, von der Kampfbereitschaft der Partei und Arbeiterklasse hängt im entscheidenden Maße die Sicherung des Friedens in Deutschland und Europa ab.
Die Erhöhung der Aktivität der Partei, ihre enge Verbindung zur Arbeiterklasse und die allseitige politische und ökonomische Festigung der Republik ist deshalb die Voraussetzung dafür, daß die DDR ihre Aufgabe als Bastion des Friedens erfüllen kann.
Der Abschluß eines Friedensvertrages ist erbitterter Klassenkampf. Er muß im harten Ringen gegen die Bonner Ultras, die mit Abbruch der Wirtschaftsbeziehungen u.a. Provokationen drohen, durchgesetzt werden.
Aus dieser Lage ergeben sich eine Reihe notwendiger Maßnahmen zur Stärkung der Kampfkraft der Partei, zur Verbesserung der politischen Massenarbeit und Sicherung der Republik vor Anschlägen des Feindes.

I. Maßnahmen zur Stärkung der Kampfkraft der Partei

1. Alle Bezirks- und Kreisleitungen haben sofort die höchste Kampfbereitschaft herzustellen und zu gewährleisten, daß die Parteiarbeit auch unter den schwierigsten Bedingungen durchgeführt wird. Das bedeutet:

   a) Sicherung der ideologisch-politischen Einmütigkeit der Parteiorgane und ihres Apparates zur konsequenten Durchsetzung der Beschlüsse des ZK;

   b) tägliche Einschätzung der Lage

   c) volle Besetzung aller wichtigen Funktionen mit zuverlässigen, treu ergebenen Genossen ;

   d) Schaffung einer Kaderreserve, aus der sofort leitende Funktionäre ersetzt werden können;

   e) Überprüfung und Sicherung der Kurier- und Nachrichtenverbindung zu den nachgeordneten Parteiorganen. Einrichtung einer verschlüsselten Nachrichtenübermittlung zu wichtigen Schwerpunkten und Grundorganisationen;

d) Schaffung einer Kaderreserve, aus der sofort leitende Funktionäre ersetzt werden können;

e) Überprüfung und Sicherung der Kurier- und Nachrichtenverbindung zu den nachgeordneten Parteiorganen. Einrichtung einer verschlüsselten Nachrichtenübermittlung zu wichtigen Schwerpunkten und Grundorganisationen;

[...]

4. In allen Grundorganisationen gilt es, eine Kampfatmosphäre zu schaffen, in der alle Parteimitglieder ihre ganze Kraft für die politische und ökonomische Festigung der DDR und Verteidigung der Arbeiter- und Bauern-Macht einsetzen. Allen Parteimitgliedern ist klarzumachen, daß im Kampf um den Abschluß eines Friedensvertrages der höchste persönliche Einsatz notwendig ist.

   Die Stärkung der Kampfkraft der Partei erfordert weiterhin die rasche Überwindung aller liberalen Tendenzen und Aufweichungserscheinungen.

   Die Bezirks- und Kreisleitungen müssen deshalb eine genaue Analyse erarbeiten über die politischen und ökonomischen Schwerpunkte ihres Gebietes und über die Kampffähigkeit ihrer leitenden Organe und Grundorganisationen.

   Auf der Grundlage dieser Analyse sind Maßnahmen einzuleiten, durch welche die Schwerpunktkreise und Betriebe sowie sonstige wichtige Grundorganisationen durch Beauftragte unterstützt und kontrolliert werden. Dabei sind auch besonders wichtige Dorfparteiorganisationen und WPO zu berücksichtigen.

   In wichtigen Betriebsabteilungen und Institutionen, in denen keine Parteimitglieder vorhanden sind, ist durch Umgruppierung von Parteikräften die Aufnahme neuer Kandidaten bzw. die Festlegung von Beauftragten der Einfluß der Partei zu gewährleisten.

5. Die Schlagkraft der Partei ist zu allen Zeiten und in allen Situationen zu sichern. Deshalb ist notwendig, Parteikräfte in allen Schichtbetrieben und im Wohngebiet jederzeit zur Verfügung zu haben.

Die leitenden Parteiorgane haben dafür Sorge zu tragen, daß jedes Parteimitglied zu jeder Zeit erreichbar ist. Das setzt voraus, daß die Kreisleitungen die Beschlüsse des ZK vom 9.9.1953, 6.12.1955 und 19.7.1956 über die Ummeldepflicht der Parteimitglieder konsequent durchsetzen und darüber hinaus in bestimmten Situationen beschließen, daß alle Parteimitglieder nach der Arbeitszeit ihren Aufenthalt der Parteileitung bekannt geben.

In den Schichtbetrieben, besonders in den Nachtschichten und Spätschichten ist zu gewährleisten, daß eine besondere Einsatzgruppe der Partei für alle Eventualitäten zur Verfügung steht. Diese Genossen sind gewissenhaft auszuwählen und so zusammenzusetzen, daß die Aufrechterhaltung der Produktion und die Abwehr feindlicher Provokationen möglich ist.

6. Um die Durchführung wichtiger Aufgaben der Partei konsequent zu sichern, erhält der Parteiauftrag den Charakter eines Parteibefehls. Ein Parteibefehl ist in *jedem* Falle durchzuführen und wird bei Nichtdurchführung mit dem Ausschluß aus der Partei geahndet. Je nach dem Schaden, der durch die Nichtdurchführung eines Parteibefehls entsteht, können weitere disziplinarische Strafen eingeleitet werden.

   In den Grundorganisationen ist eine Parteidisziplin zu gewährleisten, die einer militärischen Disziplin gleicht.

7. Es ist ein straffes Kontrollsystem einzurichten, das gewährleistet, daß vom Zentralkomitee bis in die letzte Grundorganisation eine genaue Übersicht über die Lage und die Durchführung der Beschlüsse vorhanden ist. Dazu ist erforderlich, daß die Beauftragten des ZK an allen Sitzungen der Büros der Bezirksleitungen teilnehmen, wichtige Kreise durch Beauftragte besetzt werden und eine kurze tägliche Berichterstattung der Bezirksleitungen an das ZK erfolgt. Dasselbe gilt für wichtige Kreise und Grundorganisationen.

   Den Abteilungen des ZK wird das Recht eingeräumt, sich von einzelnen Bezirks- und Kreisleitungen über die Durchführung von Beschlüssen in ihrem Verantwortungsbereich berichten zu lassen. Diese Berichterstattungen werden durch die Abteilung Parteiorgane beim ZK koordiniert. Darüber hinaus werden alle Mitarbeiter des ZK für die Betreuung und Kontrolle einer bestimmten Kreisleitung verantwortlich gemacht, bzw. eines wichtigen Schwerpunktbetriebes. Dabei muß jedoch gesichert sein, daß der zentrale Apparat ständig mit einer bestimmten Zahl von Mitarbeitern besetzt und die Arbeitsfähigkeit gewährleistet ist.

Zur Durchführung wichtiger politischer und ökonomischer Schwerpunktaufgaben sowie zur Stärkung der Kampfkraft der Partei (Aufnahme neuer Kandidaten) sind von den Bezirks- und Kreisleitungen Parteiaufgebote zu organisieren. Die gegenseitige Hilfe zwischen den einzelnen Betrieben und Industriezweigen muß dabei eine entscheidende Rolle spielen.

II. Maßnahmen zur kurzfristigen Mobilisierung aller Parteikräfte

1. Das Zentralkomitee erläßt einen Aufruf an alle Parteimitglieder, in dem die wichtigsten Aufgaben der neuen Situation dargelegt werden.
2. In allen Betrieben, Institutionen und Wohngebieten ist der Aufruf des ZK in einem Kampfappell den Parteimitgliedern zur Kenntnis zu geben.
3. Für jedes Parteimitglied ist durch die Parteileitung eine genaue Kampfaufgabe festzulegen.
4. Alle Parteileitungen der Betriebe treffen Maßnahmen, daß im Falle eines Abbruchs der Wirtschaftsbeziehungen durch Bonn oder anderer Provokationen die Produktion weitergeht. Dazu ist erforderlich, daß in einem Plan alle notwendigen politischen, ökonomischen und kadermäßigen Aufgaben festgelegt werden, so unter anderem

   Aufruf der Partei, Werkleitung und der BGL an die Belegschaft; Vorbereitung von Zustimmungserklärungen der einflußreichsten Brigaden zu diesem Aufruf;

   Besetzung aller wichtigen Aggregate und Abteilungen durch zuverlässige Genossen und parteilose Werktätige;

Feststellung, wer wen an wichtigen Aggregaten ersetzen kann; Sicherung des Parteieinflusses in allen Abteilungen durch Delegierung von Genossen und Einsatz von Beauftragten; enge Zusammenarbeit mit allen sozialistischen Brigaden, Arbeitsgemeinschaften und Neuerern zur Forcierung der Störfreimachung sowie tägliche Kontrolle der Durchführung dieser Aufgaben;

tägliche Einschätzung der Lage und Gewährleistung einer exakten Information aus allen Abteilungen;

tägliche Instruktion der Gruppenorganisatoren und APO-Sekretäre.

III. Maßnahmen zur Gewährleistung der öffentlichen Sicherheit

1. Die Kreisleitungen und Parteileitungen der Grundorganisationen überprüfen die Alarmpläne und die Beteiligung der Parteimitglieder an den Kampfgruppen und sichern durch entsprechende Maßnahmen die volle Kampfbereitschaft.
2. Aus den Reihen der besten FDJ-Mitglieder sind revolutionäre Gruppen zur Verteidigung der sozialistischen Errungenschaften und zur Verteidigung der sozialistischen Heimat zu bilden, die dem Kommando der Kampfgruppen unterstellt werden.
3. Alle Partei- und wichtigen Staatsgebäude, besonders die Räume zur Aufbewahrung der Parteidokumente sind militärisch vor jeglichen Anschlägen zu schützen. Weiterhin sind Ausweichquartiere vorzubereiten.
4. Alle strategisch wichtigen Punkte in den Kreisen und Betrieben sind vom Standpunkt der Kaderbesetzung aus zu überprüfen und abzusichern.
5. Die Durchführung des Beschlusses über die Bewaffnung wichtiger Partei- und Staatsfunktionäre ist auf seine Durchführung streng zu kontrollieren bzw. zu erweitern.
6. Feindliche Elemente sind zu internieren.

IV. Maßnahmen zur Entfaltung einer offensiven politischen Massenarbeit

1. In Versammlungen, durch Presse, Rundfunk, Flugblätter u.a. Agitationsmittel ist der Arbeiterklasse und der übrigen Bevölkerung klarzumachen, daß wir den Kampf um einen Friedensvertrag siegreich bestehen werden, weil wir die Stärkeren sind und das Recht auf unserer Seite haben.

   Es ist besonders an das Klassenbewußtsein der Arbeiterklasse zu appellieren, daß sie alle Kraft für die politisch-ökonomische Festigung der Republik und Verteidigung der Arbeiter- und Bauern-Macht einsetzt. Den Arbeitern ist zu sagen, daß es gegenwärtig nur eine Frage gibt, entweder Sozialismus oder Kapitalismus, das bedeutet Frieden oder Krieg.

   Die Bürgerkriegspläne der Bonner Ultras sind vor der Arbeiterklasse überzeugend zu entlarven. Anhand der deutschen Geschichte ist allen Menschen klarzumachen, daß die Kriegspläne der Monopolherren zum Scheitern verurteilt sind.

   Durch die Agitation sind schriftliche Materialien herauszugeben, die anhand der revolutionären Traditionen der Arbeiterklasse zeigen, wie man den Kapitalismus in diesen Situationen schlagen muß.

   In der politischen Massenarbeit muß besonders Klarheit darüber geschaffen werden, daß die Lösung der nationalen Frage eine Klassenfrage ist, nur durch die Beseitigung des westdeutschen Militarismus erfolgt und eine Wiedervereinigung um jeden Preis den nationalen Interessen des Volkes widerspricht und nichts anderes bedeutet als die Ausdehnung des NATO-Bereiches auf ganz Deutschland.

   Alle Werktätigen sind davon zu überzeugen, daß die Verteidigung der Republik und ihrer sozialistischen Errungenschaften höchste persönliche Opfer fordert und daß diese Opfer um den Preis des Friedens gebracht werden, der in aller Interesse und zu aller Vorteil ist.

Mit aller Kraft sind die Aufgaben zur Beseitigung der Störanfälligkeit unserer Volkswirtschaft durchzusetzen.

Weiterhin ist die enge Kampf- und Waffenbrüderschaft mit der SU weiter zu festigen.

Die feindlichen Elemente sind offen in Belegschaftsversammlungen zu entlarven und zu verurteilen.

Das tägliche Flugblatt und Gespräch am Arbeitsplatz müssen sichern, daß wir eine enge Verbindung zur Arbeiterklasse besitzen, auf ihre Fragen antworten und diese im Sinne unserer Politik ständig beeinflussen.

2. Zur Entwicklung der Kampfbereitschaft der westdeutschen Arbeiterklasse gegen den Krieg sind in wichtigen Städten und Industriezentren Komitees zur Verteidigung der 1. Arbeiter- und Bauern-Macht auf deutschem Boden zu bilden und Sympathieerklärungen bekannter Persönlichkeiten für die DDR zu organisieren.

   Weiterhin sind Aufrufe zur Bildung von Freiwilligenbrigaden zum Schutze der DDR zu erlassen.

   Die westdeutsche Arbeiterklasse ist aufzurufen, mittels Streiks und anderer Massenaktionen den Kriegstreibern in den Arm zu fallen und wirtschaftliche Sanktionen gegen die DDR sowie militärische Aktionen wirksam zu bekämpfen.

   Allen westdeutschen Arbeitern ist klarzumachen, daß das eine Tat für den Frieden und für die Beseitigung des klerikal-faschistischen Regimes ist.

(SAPMO-BArch, DY 30, IV 2/5/36.)

[15] MfS-Bericht über die „Republikflucht", 3.10.1961

Bericht über die Entwicklung der Republikflucht […] und über Maßnahmen und Ergebnisse ihrer Bekämpfung vor Inkrafttreten der Schutz- und Sicherungsmaßnahmen in Berlin.

[…]

a) Ursachen und Anlässe der R-Flucht:
Neben der organisierten Abwerbung, auf die im Abschnitt 5 ausführlich eingegangen wird, sind mit als wesentliche Ursache für die im Berichtszeitraum angestiegenen R-fluchten die Versuche des Gegners zu sehen, im Zusammenhang mit dem Vorschlag zum Abschluß eines Friedensvertrages und zur Lösung des Westberlin-Problems unter der Bevölkerung der DDR eine „Torschlußpanik“ zu organisieren.

Übereinstimmend wird in den vorliegenden Berichten darauf hingewiesen, daß vor allem indifferente und ideologisch schwankende Personen aller Bevölkerungsschichten dem Argument des Gegners, mit dem Abschluß eines Friedensvertrages und der Regelung der Westberlinfrage würden auch die Grenzen nach Westdeutschland und Westberlin geschlossen und jeder Verkehr unterbunden, bedenkenlos Glauben schenkten. Da diese Personenkreise vielfach auch starke familiäre und verwandtschaftliche Bindungen nach Westdeutschland und Westberlin unterhielten, ließen sie sich dadurch verleiten, illegal die DDR zu verlassen.

Im Zusammenhang damit stehen auch die zunehmenden Unzufriedenheiten und negativen Diskussionen über das Genehmigungsverfahren bei Reisen nach Westdeutschland. Bereits im I. Quartal 1961 machten sich derartige Stimmungen bemerkbar, die sich im Berichtszeitraum jedoch wesentlich verstärkten. Bedingt durch die R-Fluchten in den letzten Jahren hat sich der Anteil der Antragsteller, die republikflüchtige Angehörige in Westdeutschland besuchen möchten, stark vermehrt.

Wie Feststellungen ergaben, wurden ablehnende Bescheide in der Mehrzahl der Fälle von den Antragstellern nicht mehr anerkannt, sondern versucht, mit Androhung von Beschwerden oder von R-Fluchten die Genehmigung zu erzwingen. In den Diskussionen dieser Personen wurde stets die „Freizügigkeit“ im Reiseverkehr von Westdeutschland nach der DDR den „Beschränkungen“ im Reiseverkehr von der DDR nach Westdeutschland gegenübergestellt.

In einer Vielzahl von Fällen war die Ablehnung einer PM 12a tatsächlich auch der einzige Anlaß für Personen, illegal die DDR zu verlassen, wobei jedoch die unqualifizierte und bürokratische Arbeitsweise der VP mit den Ausschlag gegeben hat.

Gleichzeitig ist die Mehrzahl dieser Personen aber auch der Meinung, durch ihren illegalen Verzug nach Westdeutschland würden sie, ungeachtet eines erneuten Existenzaufbaues, ein besseres und leichteres Leben führen und ihre persönlichen Bedürfnisse schneller befriedigen können. Diese Meinung wurde und wird gegenwärtig nach von großen Teilen der Bevölkerung, vor allem von Jugendlichen und Kreisen der Intelligenz vertreten und dabei auf die andauernden Schwierigkeiten in der Versorgung der DDR verwiesen, sowie Unglaube gegenüber einer Besserung dieser Situation geäußert. Diese Ansichten dürften ihren Ursprung ebenfalls in der verstärkten gegnerischen Propaganda zu diesen Fragen haben. Im wesentlichen wurden deshalb für alle Personenkreise folgende Ursachen der R-Flucht als gleichermaßen zutreffend festgestellt:

1. Ideologische Unklarheiten über die Deutschlandpolitik der Sowjetunion und die Bestrebungen der Partei im Kampf um den Abschluß eines Friedensvertrages und die Wiedervereinigung Deutschlands, sowie über die Perspektive des Sozialismus in Deutschland.
2. Starke Beeinflussung von Bürgern der DDR durch Verwandte, Bekannte und bereits früher geflüchtete Personen aus Westdeutschland, indem diese zum Verlassen der DDR auffordern und Versprechungen in Bezug auf Arbeits-, Verdienst- und Wohnungsmöglichkeiten unterbreiten.

   (Siehe dazu auch Abschnitt 5 über Zentralen und Methoden der Abwerbung).
3. Nichtgewährung von PM 12a für Reisen zu Verwandten oder bereits flüchtigen Familienangehörigen nach WD.

Weitere Ursachen und Anlässe waren:
- schlechte Wohnverhältnisse
- herzloses, bürokratisches und sektiererisches Verhalten des Staatsapparates, der Betriebsleitungen u. a. Organe

- Angst vor Bestrafungen
- Erbschaften oder Heirat in Westdeutschland.

Außerdem wurden durch zahlreiche Hinweise und Untersuchungen bei Angehörigen der wissenschaftlichen, technischen, medizinischen und pädagogischen Intelligenz noch folgende Anlässe und Besonderheiten für die R-Flucht festgestellt:

Ingenieure im Republikfluchtschwerpunkt VEB Kombinat Böhlen/Leizpig vertreten die Ansicht, nach Abschluß des Friedensvertrages würden ihnen nicht mehr die bisherigen Vergünstigungen und die hohen Gehälter gewährt.

Bei den Vergleichen, die sie zwischen den Verhältnissen in Westdeutschland und der DDR ziehen, sehen viele Ingenieure nur das reichliche Angebot an Industriewaren und Lebensmitteln, die angeblich arbeitsfreien Sonnabende und Sonntage und die Möglichkeiten des kleinen Grenzverkehrs von Westdeutschland nach west- und südeuropäischen Ländern.

In einer Vielzahl von Fällen übten besonders die Ehefrauen deshalb starken Einfluß auf die Ingenieure aus, die DDR illegal zu verlassen.

Gleiche Feststellungen wurden auch in Kreisen der medizinischen und pädagogischen Intelligenz getroffen.

Bei den *Angehörigen der wissenschaftlichen Intelligenz*, besonders in den Berliner Instituten, besteht Verärgerung und Unverständnis über die „Beschränkungen" bei Urlaubsreisen in die sozialistischen Staaten.

Besondern Anstoß erregt dabei die Tatsache, daß sie, im Gegensatz zu den Westdeutschen, diese Reise nicht mit ihrem PKW antreten können.

Im Zusammenhang damit wird z.B. auf die Werbung von „Intourist" in westdeutschen und westberliner Zeitungen verwiesen, wo ausdrücklich darauf aufmerksam gemacht wird, daß Reisen in die Sowjetunion auch mit eigenem PKW erfolgen können.

Für zahlreiche wissenschaftliche Kräfte war diese „Diskriminierung" bereits Grund zur R-Flucht.

In den Bezirken Leipzig, Rostock, Neubrandenburg, Magdeburg und Erfurt bildeten sich in der Berichtszeit die *volkseigenen Kraftverkehrsbetriebe* als Schwerpunkte der R-Flucht heraus, wobei vor allem *Kraftfahrer* die DDR illegal verließen.

Untersuchungen haben ergeben, daß die Gründe der R-Flucht vor allem in Unzufriedenheit über die Entlohnung sowie in der mangelhaften massenpolitischen Arbeit der Partei- und Gewerkschaftsorganisationen zu suchen sind, die die vorhandenen Probleme nicht offen vor der Belegschaft klären. So wurde z.B. im VEB Kraftverkehr Greifswald der Leistungslohn wieder abgeschafft, wodurch den Beschäftigten bis zu ein Drittel Geldeinbußen entstanden.

Außerdem konnte festgestellt werden, daß Kraftfahrer Fahrten nach Westdeutschland dazu benutzten, ihre R-Flucht vorzubereiten.

b) Falsches, die R-Flucht begünstigendes Verhalten:
Erheblich groß an Umfang waren auch im Berichtszeitraum wieder die Beispiele, wo bürokratische und administrative Arbeitsweise, ungenügender Kontakt zur Bevölkerung, Nichtbeachten von Kritiken und Vorschlägen sowie diktatorisches und herzloses Verhalten durch Organe des Staatsapparates und durch die Parteien und Massenorganisationen die R-Flucht begünstigten.

Folgende typische, den vorliegenden Materialen entnommene Beispiele beweisen, daß derartige Erscheinungen Anlaß zur R-Flucht wurden:

Vom Kaliwerk „Glückauf" in Sondershausen wurde der Diplom-Maschinen-Ingenieur xx r-flüchtig. Er sah in seinem Einsatz als Maschinensteiger keine Perspektive. Obwohl er sich darüber mehrmals bei der Betriebsleitung beschwerte, erfolgte keine Klärung seiner beruflichen Perspektive. Außerdem bereitete ihm die Beschaffung einer geeigneten Wohnung in Sondershausen Schwierigkeiten.

Vom Gummiwerk Waltershausen verließ ein Ingenieur die DDR, da er nicht mehr wußte, wie er seine Arbeit durchführen soll und die Verantwortung dafür nicht länger tragen wollte.

Ihm war ein neues Aufgabengebiet übertragen worden, ohne daß er dafür entsprechende Anleitung erhielt.

In der Krankenanstalt Perleberg/Schwerin, einem Schwerpunkt der R-Flucht von Krankenschwestern, ergaben Untersuchungen, daß die jungen Kräfte äußerst schlecht behandelt werden, indem z. B. ihr Einsatz fortwährend zu äußerst ungünstigen Zeiten erfolgt. Außerdem wird ihnen laufend Unerfahrenheit und Dummheit in ihrer Arbeit vorgeworfen und werden sie entgegen ihrem Willen von der dortigen Oberschwester ständig mit religiösen Dingen belästigt, was bereits Ursache zur R-Flucht war.

Von der Abt. Gesundheitswesen des Rates des Kreises Neuhaus/Suhl wurde die in der Kinderkrippe des VEB RFT Röhrenwerk Neuhaus beschäftigte Kindergärtnerin xx fristlos entlassen, da sie angeblich ein Kind geschlagen habe. In der Aussprache wurde ihr durch die Abteilung Gesundheitswesen gedroht, wenn sie kein Geständnis ablege, werde die Angelegenheit der Kriminalpolizei übergeben. Obwohl von sieben Zeugen keiner nachweisen konnte, daß sie das Kind tatsächlich geschlagen hat, wurde durch die VP ein Ermittlungsverfahren eingeleitet. Daraufhin verließ die xx illegal die DDR.

Im Krs. Schleiz/Gera wird die R-Flucht des Tierarztes in eigener Praxis, xx, u. a. darauf zurückgeführt, daß vom Kreistierarzt am 27.1.61 an alle Tierärzte ein Rundschreiben herausgegeben wurde, in welchem den Ärzten neue Betreuungsbereiche zugeteilt wurden. Darüber war vorher keine Aussprache mit den Tierärzten erfolgt, so daß sie vor vollendete Tatsachen gestellt wurden.

Der Bäckermeister xx aus xx wurde aus Verärgerung republikflüchtig. Als sich dessen Ehefrau einer Operation unterziehen mußte, bat er, ihm eine Kraft zur Verfügung zu stellen, die das Geschäft für die Zeit der Abwesenheit seiner Frau versorgen sollte. Da ihm diese Kraft nicht zugewiesen werden konnte, ließ er seine Tochter aus Westdeutschland zu sich kommen, damit er das Geschäft nicht schließen mußte. Von der VP wurden der Tochter jedoch nur einige Tage Aufenthalt bewilligt, da sie sich nicht sofort bereit erklärte, für ständig in der DDR zu bleiben.

Aus Fürstenberg/Frankfurt/O. äußerte die Rückkehrerin xx die Absicht, wieder die DDR zu verlassen. Befragungen nach dem Grund ergaben, daß ihr Wunsch auf eine entsprechende Arbeitsstelle vom verantwortlichen Mitarbeiter beim Rat des Kreises mit der Bemerkung abgetan wurde, daß sie gleich eine Rückfahrkarte bekommen kann, wenn ihr die zugewiesene Arbeitsstelle nicht gefalle.

Derartiges herzloses Verhalten gegenüber Rückkehrern und Erstzuziehenden ist kein Einzelfall und dürfte mit Ursache sein für den starken Anteil wieder flüchtig gewordener Rückkehrer und Erstzuziehender.

Gleiche und ähnliche Beispiele der Begünstigung der R-Flucht durch die Organe des Staatsapparates, die Betriebsleitungen, Parteien, Massenorganisationen u. a. könnten noch beliebig angeführt werden. […]

(Aus dem 30 Seiten umfassenden Bericht; BStU, AS Z494.)

[16] Walter Ulbricht: 20 Jahre DDR, 6.10.1969

In diesen Tagen feiern wir den 20. Geburtstag der Deutschen Demokratischen Republik, einen Festtag aller Bürger unseres Staates und aller Bürger der sozialistischen Staatengemeinschaft sowie der Freunde der Deutschen Demokratischen Republik in aller Welt.

Vor 20 Jahren spalteten die imperialistischen Westmächte und die westdeutschen Monopolherren Deutschland, weil sie fürchteten, daß auch in Westdeutschland die antifaschistisch-demokratischen Kräfte sich durchsetzen würden. So stand das Volk der Deutschen Demokratischen Republik vor der Aufgabe, vom östlichen Teil Deutschlands aus eine neue Epoche der deutschen Geschichte zu beginnen und die im Potsdamer Abkommen festgelegten Pflichten aller Deutschen zu erfüllen: Militarismus und Nazismus auszurotten und der Herrschaft der großen Monopole ein Ende zu bereiten. Der Sieg der Sowjetarmeen und ihrer Verbündeten über den Hitlerfaschismus gab uns die große Chance, dem bisherigen Kreislauf Krise – Konjunktur – Krieg ein Ende zu bereiten und die Garantien zu schaffen, daß nie wieder von deutschem Boden ein Krieg ausgeht. So war der 7. Oktober 1949 die große Wende zur Herausbildung des ersten deutschen Friedensstaates, der durch seine Politik des Friedens, des Humanismus und Sozialismus den Rang des rechtmäßigen deutschen Staates erworben hat.

Heute sind wir glücklich, weil es unserem Volke gelungen ist, vor allen Völkern zu beweisen, daß es möglich war, aus dem Land des Militarismus, der Konzentrationslager und der Diktatur der Monopole den Staat der Arbeiter und Bauern, den ersten deutschen Friedensstaat, zu schaffen. Wer kann bestreiten, daß heute die sozialistische Gesellschaftsordnung der Deutschen Demokratischen Republik dem westdeutschen Spätkapitalismus, seiner sozialen Unsicherheit und seinem Ausbeutungssystem eine ganze geschichtliche Periode voraus ist? [...]

Mit uns feiern hier Genossen und Freunde aus vielen Ländern den 20. Jahrestag der Deutschen Demokratischen Republik. Wir sind bewegt von dieser hohen Ehrung, die damit unserem Staat und allen seinen Bürgern zuteil wird. Wir sehen darin einen Ausdruck der Anerkennung unserer zwanzigjährigen Arbeit im Dienste des Internationalismus, des Friedens und der Völkerverständigung. Berlin, einst Metropole des deutschen Staates, von dem zwei Weltkriege ausgingen, vereinigt heute die Abgesandten der Völker, die gemeinsam mit uns den Geburtstag des ersten deutschen Friedensstaates begehen. Wir bitten die Abgesandten aus aller Welt, ihren Völkern zu versichern: Die Deutsche Demokratische Republik wird auch in Zukunft alles tun, damit nie wieder von deutschem Boden ein Krieg ausgeht. [...]

So gewann in diesen zwei Jahrzehnten auf der Grundlage der sozialistischen Verhältnisse in der Deutschen Demokratischen Republik eine neue menschliche Gemeinschaft Gestalt. Die Beziehungen der Bürger werden immer stärker bestimmt

Das Bündnis hielt noch 20 Jahre. Dann hörten beide Staaten auf zu existieren.

von der bewußten gemeinsamen Arbeit zum Wohle der Allgemeinheit, von der sozialistischen Weltanschauung, von der Moral und Ethik sozialistischer Gleichheit, Freiheit und Brüderlichkeit, von der gemeinsamen Verantwortung für den Fortschritt ihres sozialistischen Staates. Die deutsch-sowjetische Freundschaft lebt unwandelbar im Herzen des Volkes, der Geist der brüderlichen Zusammenarbeit mit dem polnischen und dem tschechoslowakischen Volk, mit allen Völkern der sozialistischen Staatengemeinschaft, die Solidarität mit allen antiimperialistischen Kräften sowie mit allen friedliebenden Völkern haben feste Wurzeln geschlagen. [...]

Als im Herzen Westeuropas gelegene Bastion des Friedens ist unser sozialistischer Staat das Gewissen der ganzen deutschen Nation, weil wir alles tun, um zu verhindern, daß jemals wieder ein Krieg von deutschem Boden ausgeht, weil wir den aggressiven Ränken und Plänen des westdeutschen Imperialismus, Militarismus und Neonazismus eine Barriere entgegensetzen, weil wir das Werk des Humanismus und des Friedens hochhalten.

Der 25. Jahrestag der Gründung der Vereinten Nationen ermutigt uns, an alle Staaten und Völker Europas, insbesondere an die westdeutsche Bundesrepublik zu appellieren, durch Anerkennung der bestehenden Grenzen in Europa, einschließlich der Grenzen zwischen der Deutschen Demokratischen Republik und der westdeutschen Bundesrepublik, und durch Abschluß eines Vertrages über Gewaltverzicht eine wirkliche Tat der Entspannung zu vollbringen. Insbesondere muß die westdeutsche Bundesrepublik die revanchistische Alleinvertretungsanmaßung aufgeben und auf jegliche Atomrüstung verzichten. Wenn das geschieht, dann ließen sich auch die Prinzipien der friedlichen Koexistenz in den Beziehungen zwischen der Deutschen Demokratischen Republik und der westdeutschen Bundesrepublik verwirklichen. Das wäre ein bedeutender Schritt zur europäischen Sicherheit.

(Vier Jahrzehnte (vgl. S. 135), S. 64 f.)

[17] Erich Honecker: 30 Jahre DDR, 6.10.1979

Zum 30. Male jährt sich der Tag, an dem in einer Zeit großer Veränderungen in der Welt die Deutsche Demokratische Republik gegründet wurde. Die Errichtung des ersten sozialistischen Staates der Arbeiter und Bauern auf deutschem Boden gehört zu den gewaltigen Umwälzungen, die sich während der Nachkriegsentwicklung vollzogen und in denen die Gründung der DDR einen bedeutenden Höhepunkt bildete. [...]

Die Deutsche Demokratische Republik entwickelte sich als ein Staat, in dem alles zum Wohle des Volkes getan wird, als ein Staat des Fortschritts und der klaren Zukunftsperspektiven. Zu Recht können wir sagen, daß mit der Deutschen Demokratischen Republik zum ersten Mal in der Geschichte des deutschen Volkes ein Staat geschaffen wurde, der ein wahres Vaterland für alle Werktätigen ist. Wohlbegründet dürfen wir feststellen: In der deutschen Geschichte hat es niemals zuvor einen Staat gegeben, in dem das Volk so frei atmen, die Springquellen des gesellschaftlichen Reichtums für sich erschließen, alle materiellen und geistigen Werte zum eigenen Wohle nutzen und mehren kann wie in unserer Arbeiter-und-Bauern-Macht. In der Deutschen Demokratischen Republik sind die Mehrheitsrechte, vor allem das Recht auf Arbeit, auf Bildung, Erholung und Gesunderhaltung, das Recht auf soziale Sicherheit nicht nur Verfassungsgrundsatz, sondern Realität. An jeden Bürger richtet sich die Aufforderung, mitzuarbeiten, mitzuplanen und mitzuregieren. Das ist reale Demokratie, sozialistische Demokratie. In unserem Staat geschieht entsprechend der Verfassung der DDR nichts um seiner selbst willen, sondern gilt alles Sinnen und Trachten einem glücklichen und friedlichen Leben des Volkes.[...]

Nicht wenige Schwierigkeiten mußten wir überwinden, viele neu auftauchende Probleme meistern und auch manche Entbehrungen in Kauf nehmen. In diesen Jahren hat der Imperialismus, namentlich von der BRD aus, oft genug den Versuch unternommen, das Rad der Geschichte zurückzudrehen, den Sozialismus von deutschem Boden „zurückzurollen“, die Deutsche Demokratische Republik von der europäischen Landkarte zu tilgen. Er hat kein Mittel gescheut, unseren Staat der Arbeiter und Bauern zu erpressen, zu ruinieren und zu diskreditieren. Er war bestrebt, sich immer wieder einzumischen, wo er nichts, aber auch gar nichts mehr zu bestellen hat. Doch umsonst. Aus dieser harten Klassenauseinandersetzung ging unsere sozialistische Deutsche Demokratische Republik als Sieger hervor, und alle Anschläge des Imperialismus haben schmählich Schiffbruch erlitten.

Deshalb registrieren wir auch aufmerksam alle Schritte der Bundesrepublik Deutschland, die der weiteren Normalisierung der Beziehungen zwischen beiden deutschen Staaten sowie der Rüstungsbegrenzung und Abrüstung dienen. Viele Fragen der Gegenwart und Zukunft hängen von dieser weiteren Normalisierung ab. Vor kurzem hat Bundeskanzler Schmidt daran erinnert, daß Bereitschaft zur Realität nötig ist, wenn – wie er sagte – unser Wille zum Frieden gelten soll. Da die Bereitschaft der Deutschen Demokratischen Republik hierzu vorhanden ist, sehen wir durchaus die Möglichkeit, eine Reihe von Fragen zu klären, die weitere Fortschritte zur Sicherung des Friedens und zur Abrüstung bringen. Was sowohl die Bürger der DDR als auch die Bürger der Bundesrepublik brauchen, ist nicht die Stationierung von Mittelstreckenraketen in den westeuropäischen NATO-Staaten, sondern eine Zusammenarbeit der beiden deutschen Staaten in Fragen der Abrüstung und im Sinne der Politik der friedlichen Koexistenz.

(Vier Jahrzehnte (vgl. S. 135), S. 90 f.)

[18] MfS-Bericht über Reaktionen auf die Informations- und Medienpolitik in der UdSSR, 10.5.1989

Streng geheim!

Hinweise zur Reaktion der Bevölkerung auf die Informations- und Medienpolitik in der UdSSR und damit im Zusammenhang stehende Probleme.

Auf die Gesamtheit der Reaktionen der Bevölkerung der DDR zur Informations- und Medienpolitik in der UdSSR bezogen können Ausgangspunkte nicht exakt abgegrenzt werden, da sowohl Veröffentlichungen in Medien der UdSSR und der DDR als auch Meldungen, Interpretationen und Kommentierungen gegnerischer, insbesondere elektronischer Medien der BRD und Westberlins Auswirkungen auf das Stimmungsbild haben.

Generell werden alle Veröffentlichungen in den Medien von breiten Bevölkerungskreisen mit Aufmerksamkeit verfolgt und sind Anlaß für vielfältige, sehr differenzierte Meinungsäußerungen. Die Auffassungen reichen dabei von Zustimmung zum Umgestaltungsprozeß in der UdSSR (Umgestaltung wird als einzig gangbarer Weg zur Überwindung der Stagnation der gesellschaftlichen Entwicklung in der UdSSR bewertet) bis hin zu Zweifeln und Skepsis hinsichtlich der erfolgreichen Umsetzung der Politik der Umgestaltung.

Seit geraumer Zeit wächst im Zusammenhang mit entsprechenden Veröffentlichungen in Medien der UdSSR und der DDR über offen zum Ausbruch kommende Konflikte und Widersprüche insbesondere unter progressiven Kräften Besorgnis darüber, ob die sowjetische Gesellschaft in der Lage ist, die komplizierte Situation voll zu beherrschen.

In besonderem Maße treten Angehörige der Intelligenz, darunter Journalisten, Pädagogen, Wissenschaftler in Lehre und Forschung sowie Kader aus dem Bereich Wissenschaft und Technik, aus der Volkswirtschaft und Künstler – ein großer Teil von ihnen ist Mitglied der SED bzw. gesellschaftlich engagiert – mit diesbezüglichen Meinungsäußerungen in Erscheinung.

Vorgetragene Auffassungen werden überwiegend geprägt von Eindrücken aus in der DDR vertriebenen sowjetischen Presseerzeugnissen bzw. aus in der DDR-Presse abgedruckten Veröffentlichungen von TASS und sowjetischen Zeitungen/Zeitschriften. Sie werden ergänzt durch Meinungen von DDR-Bürgern, die sich aus touristischen oder beruflichen Gründen in der UdSSR aufhielten.

Von einer großen Anzahl sich dazu äußernder Bürger, insbesondere von Mitgliedern und Funktionären der SED u.a. progressiven Personen, wird Betroffenheit über die von der KPdSU aufgezeigte Fülle der anstehenden Probleme und politischen Fehler in der Vergangenheit zum Ausdruck gebracht. Häufig betonen sie, daß ihnen mit der offenen Darlegung der vielfältigsten Probleme in nahezu allen Bereichen des gesellschaftlichen Lebens in der Sowjetunion die ganze Kompliziertheit der Situation in der UdSSR erst richtig bewußt geworden sei.

In Kenntnis entsprechender Veröffentlichungen wird mit wachsender Besorgnis festgestellt, daß in der Sowjetunion bisher nicht die erwartete Stabilisierung der Lage im Ergebnis der Umgestaltungsprozesse eingetreten sei. Zunehmend werden dabei Fragen aufgeworfen, ob alle eingeleiteten Prozesse der sozialistischen Entwicklung dienlich seien. Häufig wird argumentiert, es entstehe der Eindruck, die Partei- und Staatsführung der UdSSR beherrsche nicht mehr alle im Zusammenhang mit dem praktizierten sozialistischen Meinungspluralismus auftretenden Probleme.

Während in zurückliegender Zeit die Auffassung dominierte, das offene und kritische Aufzeigen von Fehlern und Schwächen in der bisherigen gesellschaftlichen Entwicklung der UdSSR und die in breiter Form dazu geführte öffentliche Auseinandersetzung damit seien Ausdruck der Stärke der KPdSU, nehmen jetzt Auffassungen an Umfang und Intensität zu, daß die Entfaltung der sozialistischen Demokratie und Entwicklung einer Atmosphäre der Offenheit nicht dazu führen dür-

DIE

SOZIALISTISCHE EINHEITSPARTEI
DEUTSCHLANDS

WIDMET DEM GENOSSEN

DIESE

EHRENURKUNDE

IN ANERKENNUNG SEINER MEHR ALS
25 JÄHRIGEN TREUEN PARTEIARBEIT IM KAMPF
FÜR FRIEDEN, DEMOKRATIE UND SOZIALISMUS

BERLIN,
den 14. 4. 1973

ZENTRALKOMITEE DER
SOZIALISTISCHEN EINHEITSPARTEI DEUTSCHLANDS

ERSTER SEKRETÄR

An Ehrenurkunden für diverse Aktivitäten, in der Regel mit Geldzuwendung verbunden, gab es keinen Mangel in der DDR.

fen, in der Öffentlichkeit hemmungslos subjektivistische Meinungen und Beurteilungen von Menschen und Prozessen kundtun, Halbwahrheiten, Spekulationen und bürgerliche Auffassungen verbreiten zu können.

Insbesondere Mitglieder der SED äußern sich immer wieder bestürzt über die Schärfe der geführten Auseinandersetzung mit politischen Fehlern führender Persönlichkeiten in der Geschichte der Sowjetunion. Die offene Fehlerdiskussion vor allem in den sowjetischen Medien habe ihrer Meinung nach ein unvertretbares Ausmaß angenommen und beinhalte Züge des Anarchismus.

Die praktisch ausschließlich negative Geschichtsbetrachtung der Entwicklung der sowjetischen Gesellschaft nach dem Tode Lenins sei eine Ungerechtigkeit gegenüber den vielen ehrlichen Kommunisten in der Sowjetunion, die sich in den vielen Jahrzehnten für die Entwicklung ihres Landes eingesetzt und aufgeopfert haben.

Es sei bedauerlich, so äußert sich der genannte Personenkreis, daß in den Medien der UdSSR insbesondere die Auseinandersetzung mit der von STALIN betriebenen Politik breiten Raum einnimmt und Orientierungen und Wege zur Lösung der anstehenden aktuellen Aufgaben in allen gesellschaftlichen Bereichen immer mehr in den Hintergrund gedrängt werden.

Vielfach wird darüber hinaus auch die Frage nach dem Nutzen und der Zweckmäßigkeit solcher Veröffentlichungen wie beispielsweise über den Umfang der Bevölkerungskreise, die in der UdSSR unterhalb der Armutsgrenze leben, gestellt.

Diese Informations- und Medienpolitik sei, so schätzen u.a. Arbeiter und Ingenieure aus Großbetrieben und Pädagogen ein, für die Menschen mehr verwirrend als nützlich.

Es sei ihrer Meinung nach offenkundig, daß sich diese negative Betrachtungsweise der bisherigen gesellschaftlichen Entwicklung auch deprimierend auf das Sowjetvolk auswirke und Vertrauensverluste zur Politik der KPdSU nach sich ziehe. Davon würden auch politisch und ideologisch destabilisierende Wirkungen in anderen sozialistischen Ländern ausgehen.

(BStU, ZAIG, 0/219; abgedruckt bei Mitter/Wolle, Befehle, S. 40 f.)

[19] MfS-Bericht über Motive der DDR-Ausreisewilligen, 9.9.1989

Streng geheim!

Hinweise auf wesentliche motivbildende Faktoren im Zusammenhang mit Anträgen auf ständige Ausreise nach dem nichtsozialistischen Ausland und dem ungesetzlichen Verlassen der DDR.

Die zu diesem Komplex in den letzten Monaten zielgerichtet erarbeiteten Erkenntnisse beweisen erneut, daß die tatsächlichen Handlungsmotive zum Verlassen der DDR sowohl bei Antragstellungen auf ständige Ausreise als auch für das ungesetzliche Verlassen im wesentlichen identisch sind.

Sie haben sich in der Regel im Ergebnis eines längeren Prozesses der Entwicklung bestimmter Auffassungen und Haltungen und des Abwägens daraus abzuleitender persönlicher Schlußfolgerungen herausgebildet und sind häufig verfestigt. Im wesentlichen handelt es sich um ein ganzes Bündel im Komplex wirkender Faktoren.

Es zeigt sich, daß diese Faktoren unter dem Einfluß der ideologischen Diversion des Gegners, insbesondere über die Massenmedien, und durch andere westliche Einflüsse – zunehmend vor allem über Rückverbindungen von ehemaligen Bürgern der DDR, Besuchsaufenthalte von DDR-Bürgern im westlichen Ausland bzw. von Personen des nichtsozialistischen Auslandes in der DDR usw. – bei einer nicht unerheblichen Anzahl von Bürgern der DDR als Gründe/Anlässe sowohl für Bestrebungen zur ständigen Ausreise als auch des ungesetzlichen Verlassens der DDR genommen werden.

Die überwiegende Anzahl dieser Personen wertet Probleme und Mängel in der gesellschaftlichen Entwicklung, vor allem im persönlichen Umfeld, in den persönlichen Lebensbedingungen und bezogen auf die sogenannten täglichen Unzulänglichkeiten, im wesentlichen negativ und kommt, davon ausgehend insbesondere durch Vergleiche mit den Verhältnissen in der BRD und in Westberlin, zu einer negativen Bewertung der Entwicklung in der DDR.

Die Vorzüge des Sozialismus, wie z.B. soziale Sicherheit und Geborgenheit, werden zwar anerkannt, im Vergleich mit aufgetretenen Problemen und Mängeln jedoch als nicht mehr entscheidende Faktoren angesehen. Teilweise werden sie auch als Selbstverständlichkeiten betrachtet und deshalb in die Beurteilung überhaupt nicht mehr einbezogen oder gänzlich negiert. Es kommt zu Zweifeln bzw. zu Unglauben hinsichtlich der Realisierbarkeit der Ziele und der Richtigkeit der Politik von Partei und Regierung, insbesondere bezogen auf die innenpolitische Entwicklung, die Gewährleistung entsprechender Lebensbedingungen und die Befriedigung der persönlichen Bedürfnisse. Das geht einher mit Auffassungen, daß die Entwicklung keine spürbaren Verbesserungen für die Bürger bringt, sondern es auf den verschiedensten Gebieten der DDR schon einmal besser gewesen sei. Derartige Auffassungen zeigen sich besonders auch bei solchen Personen, die bisher gesellschaftlich aktiv waren, aus vorgenannten Gründen jedoch „müde" geworden seien, resigniert und schließlich kapituliert hätten.

Es zeigt sich ein ungenügendes Verständnis für die Kompliziertheit des sozialistischen Aufbaus in seiner objektiven Widersprüchlichkeit, wobei aus ihrer Sicht nicht erreichte Ziele und Ergebnisse sowie vorhandene Probleme, Mängel und Mißstände dann als fehlerhafte Politik interpretiert und gewertet werden.

Diese Personen gelangen in einem längeren Prozeß zu der Auffassung, daß eine spürbare, schnelle und dauerhafte Veränderung ihrer Lebensbedingungen, vor allem bezogen auf die Befriedigung ihrer persönlichen Bedürfnisse, nur in der BRD oder Westberlin realisierbar sei.

Obwohl in jedem Einzelfall ganz konkrete, individuelle Fakten, Erscheinungen, Ereignisse, Erlebnisse usw. im Komplex auf die Motivbildung zum Verlassen der DDR einwirken, wird im folgenden eine Zusammenfassung wesentlicher diesbezüglicher zur Motivation rührender Faktoren vorgenommen.

Als wesentliche Gründe/Anlässe für Bestrebungen zur ständigen Ausreise bzw. das ungesetzliche Verlassen der DDR – die auch in Übereinstimmung mit einer Vielzahl Eingaben an zentrale und örtliche Organe/Einrichtungen stehen – werden angeführt:

- Unzufriedenheit über die Versorgungslage;
- Verärgerung über unzureichende Dienstleistungen;
- Unverständnis für Mängel in der medizinischen Betreuung und Versorgung;
- eingeschränkte Reisemöglichkeiten innerhalb der DDR und nach dem Ausland;
- unbefriedigende Arbeitsbedingungen und Diskontinuität im Produktionsablauf;
- Unzulänglichkeiten/Inkonsequenz bei der Anwendung/Durchsetzung des Leistungsprinzips sowie Unzufriedenheit über die Entwicklung der Löhne und Gehälter;
- Verärgerung über bürokratisches Verhalten von Leitern und Mitarbeitern staatlicher Organe, Betriebe und Einrichtungen sowie über Herzlosigkeit im Umgang mit den Bürgern;
- Unverständnis über die Medienpolitik der DDR.

Hierzu im einzelnen:

Unzufriedenheit über die Versorgungslage

Den größten Umfang im Motivationsgefüge nimmt die Kritik an der Versorgung der Bevölkerung ein. Auf Unverständnis stoßen vor allem anhaltende Mängel bei der kontinuierlichen Versorgung mit hochwertigen Konsumgütern (Pkw, Möbel, Textilien, Schuhe, Heimelektronik usw.) sowie Ersatzteilen, mit Baustoffen und Baumaterialien sowie mit bestimmten Waren des täglichen Bedarfs (z.B. hochwertige Lebensmittel, Frischobst, Gemüse, häufig wechselnde Artikel der „1.000 kleinen Dinge").

Darin einbezogen sind die Warenstreuung, der Frischheitsgrad der Lebensmittel, Versorgungslücken, das fehlende durchgängige Angebot bis Ladenschluß und die damit im Zusammenhang stehenden Transportprobleme.

Die betreffenden Personen verweisen insbesondere auf das damit verbundene „Schlange stehen“, das Herumlaufen und die Suche nach bestimmten Artikeln, das „Beschaffen und Organisieren“ auch während der Arbeitszeit und den Erwerb bestimmter Waren nur über „Beziehungen“, und resümieren, daß das alles nicht mehr zu ertragen sei.

Diese Argumentation erfährt ihre Zuspitzung durch den Verweis darauf, daß die Besitzer von Devisen (nicht nur im Intershop-Laden) im wesentlichen alles erwerben könnten.

Es wird Kritik am sogenannten doppelten Währungssystem, an Intershops, Valutahotels und an „Privilegien“ für Devisenbesitzer geübt.

Der vorgenannte Personenkreis zweifelt – häufig unter Verweis auf die Beständigkeit bzw. Zunahme derartiger Erscheinungen – generell an der Lösung dieser die Bürger bewegenden Probleme.

Verärgerung über unzureichende Dienstleistungen

Im engen Zusammenhang mit den insgesamt vertretenen Auffassungen zur Versorgungslage stehen die vielfältigen Probleme im Dienstleistungsbereich. Es wird insbesondere auf fehlende bzw. begrenzte Kapazitäten bei Reparatur- und Dienstleistungen verwiesen. Fehlende Ersatzteile, z.T. lange Wartezeiten sowie die kundenunfreundliche Behandlung der Bürger im Dienstleistungsbereich, in Gaststätten sowie in Verkaufseinrichtungen stehen im Mittelpunkt kritischer Äußerungen.

Unverständnis für Mängel in der medizinischen Betreuung und Versorgung

Die medizinische Betreuung und Versorgung der Bevölkerung sowie die Situation im Gesundheitswesen wird unter Hinweis auf fehlendes medizinisches Personal und fehlende Bettenkapazität ernste Mängel auf den Gebieten der Patientenbetreuung, Diagnostik, Medikamentenversorgung, Anwendung moderner medizinischer Behandlungsmethoden, Ausstattung mit Medizintechnik, hinsichtlich der Hygienebedingungen, der Arbeits- und Lebensbedingungen des medizinischen Personals als völlig unbefriedigend bezeichnet.

Das wirke sich auch negativ auf die in diesem Bereich tätigen Kräfte aus, weil sie – so wird argumentiert – nicht den Erfordernissen entsprechend tätig werden könnten.

In diesem Zusammenhang werden auch „bürokratische Auflagen", „bürokratische Zwänge" durch übergeordnete Leitungen genannt, die von der eigentlichen Wahrnehmung medizinischer Aufgaben abhalten würden (z.B. Überlastung durch berufsfremde Tätigkeit).

Eingeschränkte Reisemöglichkeiten innerhalb der DDR und nach dem Ausland

Bemängelt werden von den betreffenden Personenkreisen sowohl die ihrer Ansicht nach ungenügenden Reisemöglichkeiten innerhalb der DDR infolge fehlender Hotel- und Ferienplätze als auch die eingeschränkten Reisemöglichkeiten nach dem sozialistischen und nichtsozialistischen Ausland.

U. a. wird die z. T. fehlende Sauberkeit in Städten, Gemeinden, kommunalen u. a. Einrichtungen sowie öffentlichen Verkehrsmitteln kritisiert – oftmals unter Bezugnahme auf in der BRD und Westberlin diesbezüglich festgestellte gegensätzliche Erscheinungen.

Wiederholt wird auch darauf hingewiesen, daß man Bürgern der DDR infolge fehlender Devisen im sozialistischen Ausland nicht die gebührende Achtung und Aufmerksamkeit entgegenbringt. Es mehrten sich auch Erscheinungen eines sich verschlechternden Reiseservice.

Bezüglich des Reiseverkehrs nach dem nichtsozialistischen Ausland konzentrieren sich die Diskussionen und Beschwerden insbesondere auf abgelehnte Privat- und Touristenreisen – begünstigt vor allem durch die in anderen sozialistischen Staaten nach Abschluß der Wiener KSZE-Nachfolgekonferenz geschaffenen größeren Reisemöglichkeiten – und die Nichtgenehmigung der Teilnahme an ausländischen Kongressen sowie die Ablehnung von ständigen Ausreisen.

Teilweise ist auch die „Befürchtung“, daß es zukünftig zu Schwierigkeiten bei der Genehmigung von Reisen nach der BRD/Westberlin kommen könnte, Anlaß für die Nichtrückkehr in die DDR.

Unbefriedigende Arbeitsbedingungen und Diskontinuität im Produktionsablauf

Häufig wird ein Widerspruch gesehen zwischen den Leistungsanforderungen und den die Planerfüllung nachhaltig negativ beeinflussenden Faktoren. Als derartige Faktoren werden insbesondere genannt:

- der physisch und moralisch verschlissene Zustand von Maschinen/Anlagen, Produktionsgebäuden, Stallgebäuden und Transporttechnik in Betrieben/Kombinaten und Produktionsgenossenschaften,
- Mängel in der Leitung und Organisation von Produktionsprozessen, insbesondere hinsichtlich der Diskontinuität der Produktion durch nicht ausreichende bzw. diskontinuierliche Bereitstellung von Materialien und Hilfsmitteln, und damit verbundene Auswirkungen auf die Werktätigen,
- die ungenügende Modernisierung/Ausstattung der Institute/wissenschaftlichen Einrichtungen mit hochleistungsfähiger Forschungs-, Informations- und Kommunikationstechnik sowie das Fehlen von Bio- und Feinchemikalien,
- von angeblicher Kurzsichtigkeit zeugende getroffene Entscheidungen über Reduzierungen finanzieller und materieller Fonds,
- die Zurückstellung von Bau- und Rekonstruktionsmaßnahmen in Kombinaten, Einrichtungen, Universitäten usw., die zu erheblichen Nachteilen für die Volkswirtschaft der DDR führen würden. Der „allgemeine Verschleiß“ müsse zwangsläufig eine weitere Vergrößerung des Abstandes zur Weltspitze nach sich ziehen.

In den Arbeitsstellen hätten Bürokratismus und Berichtswesen ein nicht mehr zu vertretendes Ausmaß erreicht, das sich spürbar negativ auf die Arbeit mit und in den Kollektiven und die Organisation von Produktionsprozessen auswirke. Des weiteren seien Forschungsvorhaben durch bürokratische Planung beeinträchtigt, und somit wäre ein echter wissenschaftlicher Vorlauf nicht mehr gewährleistet.

In zunehmendem Maße müßten auftretende Unzulänglichkeiten und Störungen im Produktionsprozeß durch zusätzliche physische Leistungen der Werktätigen und z.T. auch unter Inkaufnahme grober Verletzungen der geltenden Bestimmungen des Gesundheits-, Arbeits- und Brandschutzes sowie von Verkehrs- und Betriebssicherheit kompensiert werden. Verbreitet ist die Auffassung, daß der geforderte Leistungszuwachs in der Volkswirtschaft nur auf Kosten der Arbeiter und Genossenschaftsbauern erreicht werde. Das Arbeitsklima würde auch beeinträchtigt durch

- gestörte Beziehungen zwischen Leitern und Kollektiven,
- Verärgerung über nichteingehaltene Zusicherungen bezüglich beruflicher Perspektive und Entwicklungsmöglichkeiten (wie Übernahme von Leitungsfunktionen), wobei durch Strukturveränderungen in verschiedenen, gesellschaftlichen Bereichen Leitungsfunktionen in Wegfall kamen, was jedoch von den Betroffenen nicht verstanden wurde.

Das alles ist verbunden mit erheblichen Zweifeln an der positiven Veränderung dieser Situation und hat zu Ermüdungserscheinungen, Skepsis und Resignation unter dem betreffenden Personenkreis geführt.

Unzulänglichkeiten/Inkonsequenz bei der Anwendung/ Durchsetzung des Leistungsprinzips sowie Unzufriedenheit über die Entwicklung der Löhne und Gehälter

Es wird auf Unzulänglichkeiten/Inkonsequenz bei der Anwendung und Durchsetzung des Leistungsprinzips auf allen Leitungsebenen hingewiesen. Tendenzen der Gleichmacherei und der Bezahlung von nichterbrachten Leistungen würden immer mehr zunehmen. Der leistungsabhängige Lohnanteil insgesamt sei zu gering, um das Erbringen überdurchschnittlicher Arbeitsleistungen zu stimulieren. Das führe auch zum Rückgang der Arbeitsdisziplin.

Auch halte nach Meinung der betreffenden Personen die Entwicklung der Löhne und Gehälter den ständig wachsenden Preisen nicht stand. Dieses wirke sich immer stärker auch negativ auf die Erhaltung des erreichten Lebensniveaus aus.

Vielfach wird in diesem Zusammenhang von einer „Preisexplosion“ gesprochen, mit der angeblich Unzulänglichkeiten in der Wirtschaftsführung auf Kosten der Werktätigen „ausgebügelt“ werden sollen. Für das erarbeitete Geld könne man sich kaum etwas kaufen, durch schleichende Preiserhöhungen in allen anderen Bereichen würde die Propaganda und Argumentation hinsichtlich stabiler Preise bei Grundnahrungsmitteln gegenstandslos, eine Reihe von Erzeugnissen, z.B. Pkw, Fernsehgeräte, Möbel, seien auch für gut verdienende Leute nur noch schwer erschwinglich.

Weiter wird argumentiert, daß

- trotz schlechter gewordener Qualität der Erzeugnisse – auch bei hochwertigen Konsumgütern – die Preise gestiegen seien (dabei werden vor allem genannt: Möbel und Polsterwaren, Textilien – auch im Exquisitangebot – und Schuhe sowie Pkw),
- im Ergebnis geringfügiger technischer Veränderungen bzw. ausgewiesener technischer Weiterentwicklungen, womit letztlich auch der erhöhte Preis begründet wird, z.T. keine adäquate Erhöhung des Gebrauchswertes erkennbar bzw. vorhanden sei und
- die allgemeine Preisentwicklung (Lohn-Preis-Spirale) nicht durch die realisierten Sozialmaßnahmen (Lohnentwicklung, Kindergeld, Ehekredite) aufgewogen werde.

Verärgerung über bürokratisches Verhalten von Leitern und Mitarbeitern staatlicher Organe, Betriebe und Einrichtungen sowie über Herzlosigkeit im Umgang mit Bürgern

Von den zuständigen staatlichen Organen und Einrichtungen würde den Bürgern auch bei Vorliegen berechtigter persönlicher Anliegen häufig keine Hilfe und Unterstützung gegeben. Teilweise resultiere das aus solchen subjektiven Gründen wie fehlendem Engagement bzw. hartnäckigem „Dranbleiben“ bis zur Klärung der Angelegenheit durch Mitarbeiter von Staatsorganen oder sei auf fehlende objektive Voraussetzungen zurückzuführen, die dem Bürger jedoch zu selten in überzeugender Art und Weise erläutert würden. Außerdem würden die Rechte der Bürger noch zu wenig deutlich gemacht.

Vor allem durch unbeherrschtes Auftreten, durch taktisch unkluges Verhalten entstehe beim Bürger häufig der Eindruck, daß

- seine eigenen Ideen und Gedanken nicht gefragt seien,
- er in der DDR überflüssig sei,
- seine Individualität und sein Handlungsspielraum eingeschränkt wären und
- sie nicht als mündige Bürger, die über ihre ureigensten Angelegenheiten selbst entscheiden wollen, behandelt würden.

Weiter wird häufig das Fehlen der geforderten Bürgernähe sowie des feinfühligen Umganges mit den Bürgern angesprochen. Das beziehe sich auf alle Bereiche des gesellschaftlichen Lebens.

Unverständnis über die Medienpolitik der DDR

In die Bewertungen und negativen Schlußfolgerungen werden durch Antragsteller auf ständige Ausreise bzw. Personen, die mit dem ungesetzlichen Verlassen der DDR in Erscheinung getreten sind, oft auch Vergleiche einbezogen, die sich auf die offiziellen Verlautbarungen und die Berichterstattung in den

Medien der DDR und die gesammelten persönlichen Erfahrungen beziehen. Insbesondere betrifft dies Berichte und Statistiken über die Erfüllung und Übererfüllung von Plankennziffern, über Steigerungsraten bei der Konsumgüterproduktion oder der Ersatzteilproduktion, den Grad der Versorgung mit neuen oder modernisierten Wohnungen, über positive Beispiele der engen Verbindung und Zusammenarbeit von Bevölkerung sowie territorialen Staatsorganen und Volksvertretungen. Diese fast ausschließlich positive Darstellung wird in negative Beziehung gesetzt zu entgegengesetzten persönlichen Erfahrungen und Lebensverhältnissen.

In diesem Zusammenhang werden diesbezügliche Veröffentlichungen in den Medien der DDR, z.B. über die planmäßige Entwicklung der Volkswirtschaft und die Erhöhung des Warenumsatzes im Handel, vielfach als „Zweckpropaganda" bezeichnet. Das wirkliche Leben sei ganz das Gegenteil von dem, was in den Massenmedien dargestellt wird. So würden den Veröffentlichungen in den Medien über erfüllte und übererfüllte Pläne im täglichen Leben eine Vielzahl nichterfüllter Wünsche gegenüberstehen, Planerfüllungen würden häufig nur auf der Grundlage von Planpräzisierungen, Plankorrekturen bzw. im Ergebnis von Planmanipulationen zustande kommen.

Abschließend wird darauf hingewiesen, daß die angeführten motivbildenden Faktoren z.T. verknüpft sind mit

- illusionären Vorstellungen über die „westliche" Lebensweise, insbesondere der Erwartung eines Lebens mit „besserer" materieller Sicherstellung und „besseren" beruflichen Verdienstmöglichkeiten, von mehr „Freizügigkeit" zur Verwirklichung eines eigenen Lebensstils auf der Grundlage eines egoistischen Konsum- und Besitzstrebens und
- Einstellungen, Auffassungen und Charaktereigenschaften wie Egoismus, Habsucht, Karrierismus, Unmoral, Selbstüberschätzung usw.

Im untrennbaren Zusammenhang damit wirken aktuelle Entwicklungstendenzen in anderen sozialistischen Staaten, insbe-

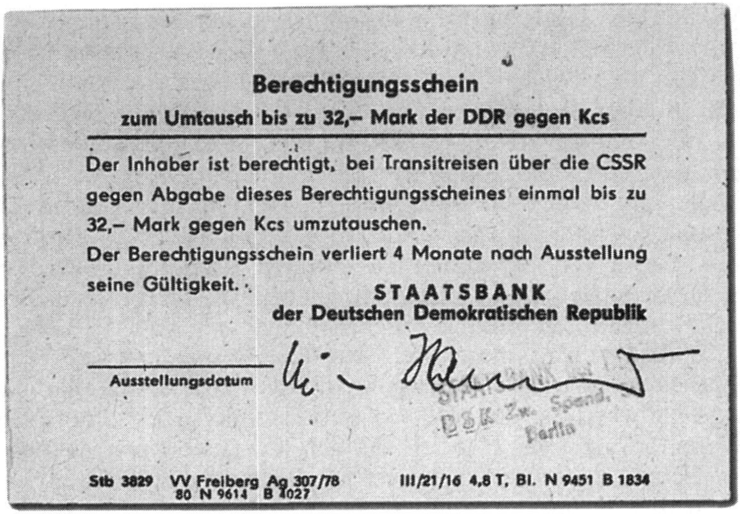

Berechtigungsschein

zum Umtausch bis zu 32,– Mark der DDR gegen Kcs

Der Inhaber ist berechtigt, bei Transitreisen über die CSSR gegen Abgabe dieses Berechtigungsscheines einmal bis zu 32,– Mark gegen Kcs umzutauschen.
Der Berechtigungsschein verliert 4 Monate nach Ausstellung seine Gültigkeit.

STAATSBANK
der Deutschen Demokratischen Republik

Ausstellungsdatum

Stb 3829 VV Freiberg Ag 307/78 80 N 9614 B 1027 III/21/16 4,8 T, Bl. N 9451 B 1834

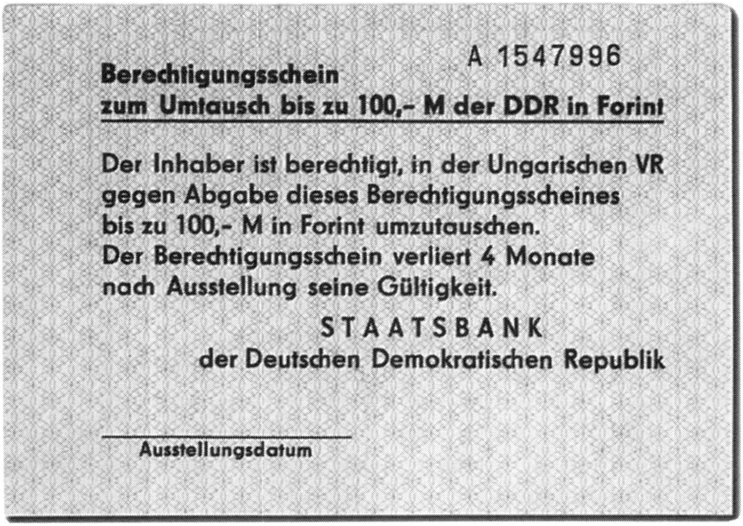

A 1547996

Berechtigungsschein
zum Umtausch bis zu 100,– M der DDR in Forint

Der Inhaber ist berechtigt, in der Ungarischen VR gegen Abgabe dieses Berechtigungsscheines bis zu 100,– M in Forint umzutauschen.
Der Berechtigungsschein verliert 4 Monate nach Ausstellung seine Gültigkeit.

STAATSBANK
der Deutschen Demokratischen Republik

Ausstellungsdatum

Die nicht vorhandene Reisefreiheit war ein zentrales Thema in der DDR.

sondere in der Ungarischen Volksrepublik, Volksrepublik Polen und der Sowjetunion, durch die in beachtlichem Umfang Zweifel an der Einheit, Geschlossenheit und damit der Stärke der sozialistischen Staatengemeinschaft entstanden sind, die zunehmend auch zu Zweifein an der Perspektive und Sieghaftigkeit des Sozialismus überhaupt führen.

Weitere Motive zum Verlassen der DDR resultieren im geringen Umfang sowohl aus echten humanitären Gründen (z.B. Eheschließung, Familienzusammenführung), aus der „Lösung" von familiären oder persönlichen Konflikten, Abenteuerlust als auch aus Bestrebungen, sich der strafrechtlichen Verantwortlichkeit zu entziehen.

Bei der gesamten Einschätzung ist zu beachten, daß Antragsteller auf ständige Ausreise bzw. Personen, die mit dem ungesetzlichen Verlassen der DDR in Erscheinung treten, in der Regel politisch nichts mehr mit der DDR verbindet. Sie handeln jedoch mehrheitlich nicht aus einer grundsätzlich feindlichen Einstellung heraus.

Die Zur-Schau-Stellung feindlicher Haltungen ist in vielen Fällen darauf zurückzuführen, daß sich die betreffenden Bürger auf diese Weise größere Chancen für die Genehmigung ihrer ständigen Ausreise ausrechnen. Sie treten in der Regel mit Argumenten des Gegners auf, ohne diese in der Auseinandersetzung, z.B. mit den zuständigen staatlichen Organen, fundiert begründen zu können.

(BStU, ZAIG, 0/225; abgedruckt bei Mitter/Wolle, Befehle, S. 141–147.)

[20] MfS-Bericht über Reaktionen zu aktuellen Aspekten der Lage in der DDR, 11.9.1989

Hinweise auf beachtenswerte Reaktionen von Mitgliedern und Funktionären der SED zu einigen aktuellen Aspekten der Lage in der DDR und zum innerparteilichen Leben.

[...]

Vorliegenden Informationen zufolge äußern sich zahlreiche, vor allem langjährige Parteimitglieder, sehr besorgt über die gegenwärtige allgemeine Stimmungslage unter großen Teilen der Werktätigen, besonders in den Betrieben, teilweise verbunden mit ernsten Befürchtungen hinsichtlich der weiteren Erhaltung der politischen Stabilität der DDR.

Sie begründen diese Haltung insbesondere mit solchen persönlich getroffenen Feststellungen im Arbeits-, Wohn- und Freizeitbereich wie

- der erheblichen Zunahme von durch Unwillen und Unzufriedenheit gekennzeichneten, in immer aggressiverem Ton geführten Diskussionen im Zusammenhang mit der Versorgungslage und der Lage im Dienstleistungsbereich, der Lohn-Preis-Politik, der materiell-technischen Sicherstellung der Produktion,
- zunehmenden Erscheinungen von Passivität und Gleichgültigkeit unter Werktätigen gegenüber dem politischen und gesellschaftlichen Leben in der DDR insgesamt und im Territorium,
- dem weiteren Rückgang von Arbeitsdisziplin und Leistungsbereitschaft,
- der erheblichen Zunahme von Erscheinungen des Spekulantentums und der Korruption.

Die Praxis zeige, daß auch zahlreiche Parteimitglieder mit derartigen Auffassungen und Verhaltensweisen in Erscheinung treten und sich damit kaum noch von Parteilosen unterscheiden. [...]

Unter Bezugnahme auf Feststellungen über die Stimmungslage unter den Werktätigen, auf den drastischen Anstieg der Ausreisebestrebungen bzw. die „Massenfluchten“ von DDR-Bürgern in die BRD und nach Westberlin, aber auch unter Hinweis auf die sich häufenden Austritte bzw. angekündigten Austrittserklärungen aus der SED, schlußfolgern SED-Mitglieder und andere progressive Kräfte, es zeichne sich ein wachsender Vertrauensschwund zwischen Volk und Partei ab. [...]

Mitglieder und Funktionäre der SED, besonders aus APO und GO in Bereichen der Volkswirtschaft sowie an Universitäten und Hochschulen, üben zum Teil scharfe Kritik an der Arbeit übergeordneter Parteileitungen sowie am Inhalt und Verlauf von Mitgliederversammlungen. Diese würden häufig nur noch den Charakter von Pflichtveranstaltungen tragen.

Es werde an den Problemen vorbeigeredet. Auf konkrete Fragen gebe es keine Antwort bzw. kritische Diskussionen würden mit dem Hinweis auf die Parteidisziplin „abgewürgt“. Wer auf Parteiversammlungen die vorhandenen Probleme anspreche und klare Antworten verlange, werde sehr schnell als Nörgler abgestempelt. Hauptamtliche Parteifunktionäre wirkten in ihrer Argumentation „hilflos“; sie würden teilweise unbequemen Fragen ausweichen. Auf den Parteiveranstaltungen werde das Vermitteln von überzeugenden Argumenten und Hintergrundinformationen vermißt. Es gebe erhebliche Informationsdefizite in der Partei. Dies sei der Grund dafür, daß viele Parteimitglieder resignierten, da sie sich mit ihren Problemen allein gelassen fühlten.

Zunehmend offener äußern Mitglieder und Funktionäre der SED Unwillen und Enttäuschung über die Informationspolitik. Ihre zu dieser Thematik geäußerten Standpunkte unterscheiden sich dabei jedoch wesentlich von Meinungsäußerungen zahlreicher Parteiloser, die die gegenwärtig betriebene Informationspolitik grundsätzlich in Frage stellen, sie der Lächerlichkeit preisgeben.

[…]

(BStU, ZAIG, 0/223; abgedruckt bei Mitter/Wolle, Befehle, S. 148 ff.)

[21] Erich Honecker: 40 Jahre DDR, 6.10.1989

Ein Vergleich der DDR von heute mit der DDR von 1949 spricht für sich selbst. Eindrucksvoll tritt der große revolutionäre Umgestaltungsprozeß zutage, der hier auf deutschem Boden vollzogen wurde und in dem sich die Fähigkeit der Arbeiterklasse und ihrer Bündnispartner erwies, die Macht auszuüben. Die vertrauensvolle, kameradschaftliche Zusammenarbeit der SED, der anderen Parteien und Massenorganisationen im Demokratischen Block und in der Nationalen Front der DDR bewährte sich als eine unserem Land gemäße Form der demokratischen Einbeziehung aller gesellschaftlichen Kräfte. So gelang es auch, eine Vielzahl von Wandlungen zu realisieren – die Bodenreform, die Überführung der entscheidenden Betriebe in Volkseigentum, die Hochschulreform, die Justizreform, das Gesetz über die örtlichen Volksvertretungen, die Industriepreisreformen, die Strukturveränderungen in der Volkswirtschaft.

In 40 Jahren entwickelte sich bei uns eine Wirtschaft von moderner Struktur und großer Leistungskraft. Dynamik und wachsende Effektivität sind für sie kennzeichnend. 1989 wurden 279 Milliarden Mark Nationaleinkommen erzielt, elfmal soviel wie 1949. Auf das Zehneinhalbfache stieg die Arbeitsproduktivität. In der Industrie erhöhte sich die Produktion im selben Zeitraum sogar um das Achtzehnfache. Die Bauproduktion ist jetzt in einem Monat so hoch wie im gesamten Jahr 1949. Nahezu verdoppelt hat sich die Pflanzenproduktion unserer Landwirtschaft, und die Erzeugung von Schlachtvieh stieg auf das Achtfache. Der tägliche Umsatz an Industriewaren für die Bevölkerung ist heute dreizehnmal so groß wie vor 40 Jahren.

Für die Arbeiterklasse gehörte 1949 nicht wenig Mut dazu, das Steuer einer Wirtschaft in die Hand zu nehmen, die vom Hitlerkrieg verwüstet und durch die Spaltung Deutschlands amputiert, ja beinahe lebensunfähig gemacht worden war. Doch entgegen allen Zweifeln und düsteren Prognosen hatte das Volkseigentum Bestand und bewährte sich. Wirklichkeit wurde die Losung: „Was des Volkes Hände schaffen, soll des Volkes eigen sein." Der Wiederaufbau kam gut in Gang, und die aus der Spaltung herrührenden Disproportionen wurden bewältigt. Eine erfolgreiche Phase extensiver Wirtschaftsentwicklung war eingeleitet.

Schwer genug war das alles. [...] Doch wir schritten voran, und immer deutlicher zeigte sich, daß die Ökonomie unseres

Ein bezeichnender Titel des Nachrichtenmagazins DER SPIEGEL Anfang Oktober 1989.

Landes ohne Kapitalisten, ohne Ausbeutung des Menschen durch den Menschen funktionierte, als sozialistische Planwirtschaft auf dem Boden des gesellschaftlichen Eigentums an den entscheidenden Produktionsmitteln. Was Adolf Hennecke, Frida Hockauf* vorlebten, wurde im ganzen Volk aufgegriffen, wurde zum Motor für die Verwirklichung ihrer Worte, die noch heute volle Gültigkeit haben: „Wie wir heute arbeiten, so werden wir morgen leben". [...]

(Vier Jahrzehnte (vgl. S. 135), S. 116 f.)

* Akkordarbeiter aus den fünfziger Jahren.

[22] MfS-Bericht über Reaktionen progressiver Kräfte auf die Lage in der DDR, 8.10.1989

Hinweise über Reaktionen progressiver Kräfte auf die gegenwärtige innenpolitische Lage in der DDR.

Nach vorliegenden Hinweisen aus der Hauptstadt und allen Bezirken der DDR schätzen viele progressive Kräfte, insbesondere Mitglieder der SED ein, daß die sozialistische Staats- und Gesellschaftsordnung in der DDR ernsthaft in Gefahr ist. Sie bekunden gleichzeitig ihre Bereitschaft, sich an die Seite der Partei zu stellen und die Arbeiter-und-Bauern-Macht vor allen Angriffen innerer und äußerer Feinde zu schützen. Sie treffen die Feststellung, daß sich die Stimmungslage der Bevölkerung der DDR weiter rapide verschlechtert hat. Ihren Darstellungen zufolge werde in vielen Meinungsäußerungen sowie in zahlreichen Eingaben und Stellungnahmen von Werktätigen zum Ausdruck gebracht, daß das System der Führung und Leitung politischer, ideologischer und volkswirtschaftlicher Prozesse in der DDR erstarrt sei. Die spürbare Zuspitzung vorhandener innenpolitischer Probleme und Schwierigkeiten sowie die Massenfluchten deuteten auf eine umfassende gesellschaftliche Krise in der DDR. Die Folge davon sei eine erhebliche Zunahme von Erscheinungen der Verunsicherung, der Ratlosigkeit und Resignation unter Parteimitgliedern, Mitarbeitern des Staatsapparates und weiteren aktiv gesellschaftlich tätigen Personen.

Unter den Werktätigen wachsen Zweifel an der Perspektive des Sozialismus in der DDR. Zahlreiche progressive Kräfte, darunter viele Werktätige vor allem älterer Jahrgänge, befürchten, daß es zu großen Erschütterungen in der Gesellschaft komme, die von der Partei nicht mehr beherrschbar seien. Bereits jetzt – so argumentieren sie – befände sich die DDR in einer Situation wie kurz vor den konterrevolutionären Ereignissen am 17. Juni 1953. Besorgt äußern sie sich vor allem über den weiter zunehmenden Vertrauensschwund der Werktätigen gegenüber der Partei- und Staatsführung.

Viele Werktätige, einschließlich zahlreiche Mitglieder und Funktionäre der Partei, sprechen ganz offen darüber, daß die Partei- und Staatsführung nicht mehr in der Lage und fähig sei, die Situation real einzuschätzen und entsprechende Maßnahmen für dringend erforderliche Veränderungen durchzusetzen. Sie könne angesichts ihrer altersmäßigen Zusammensetzung nicht mehr flexibel reagieren. Als besonders enttäuschend und teilweise mit großer Bitterkeit wird die Tatsache bewertet, daß sich die führenden Repräsentanten der DDR bisher nicht direkt und persönlich an die Werktätigen gewandt haben, um den Standpunkt der Partei zur gegenwärtigen innenpolitischen Situation darzulegen und damit zugleich Orientierungen für die politisch-ideologische Arbeit zu geben. Die bisher gehandhabte Methode, die die ganze DDR-Bevölkerung interessierenden persönlich berührenden Vorgänge ausschließlich durch ADN und einige ausgewählte Kommentatoren bewerten zu lassen, sei Ausdruck des Mißtrauens der politischen Führung der DDR gegenüber dem Volk. Das zeige sich auch in der durch führende Vertreter der Partei und des Staates vergebenen Chance, ihre Auftritte im Rahmen der Feierlichkeiten zum 40. Jahrestag der Gründung der DDR dafür zu benutzen, klare und offene Worte für die derzeitige Situation zu finden und entsprechende Lösungswege anzudeuten.

Wiederholt wurde dieses Vorgehen in Zusammenhang gebracht mit der Informationspolitik der Partei, die nach Meinung vieler Parteimitglieder nichts mehr mit Leninscher Informationspolitik zu tun habe. Zahlreiche journalistisch tätige Personen vertreten in Kenntnis der konkreten Lage den Standpunkt, daß die DDR-Massenmedien die Bevölkerung nicht mehr erreichen. Auf völliges Unverständnis stößt bei progressiven Kräften vor allem die fehlende politisch offensive Auseinandersetzung mit feindlichen, oppositionellen Kräften und mit von solchen Personenkreisen verfaßten und verbreiteten antisozialistischen Pamphleten. Ein derartig passives und defensives Verhalten würde der gegnerischen Seite Tür und Tor für deren ideologische Offensive öffnen.

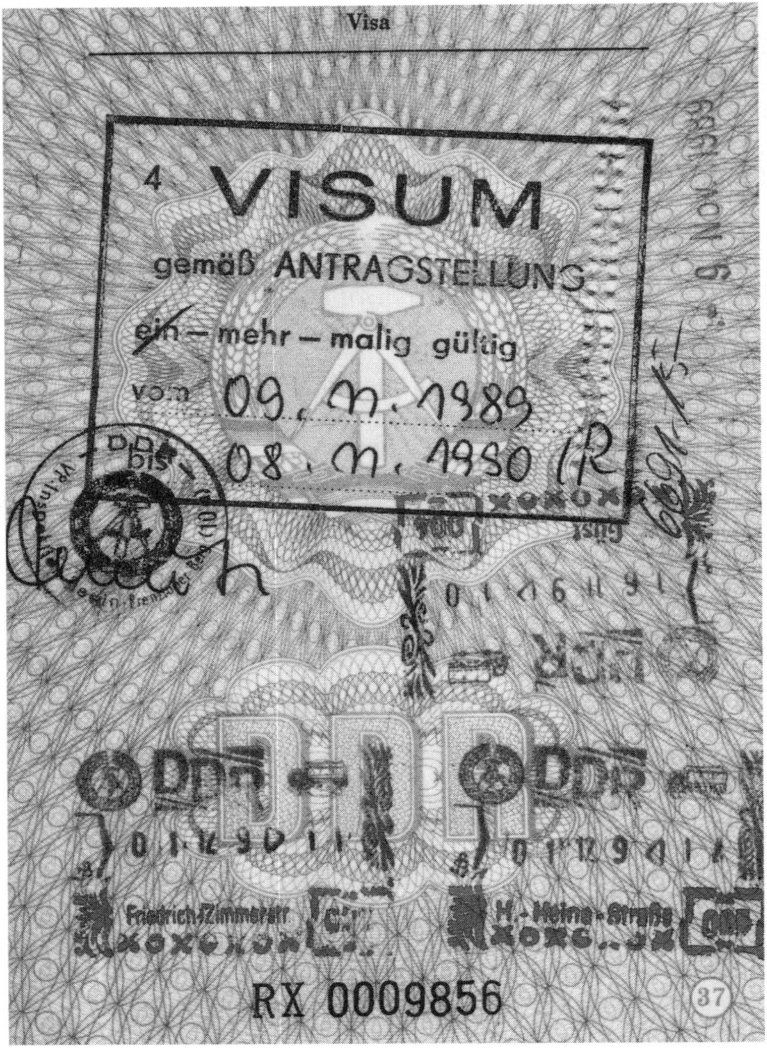

Visum, am Abend des 9. November 1989 unmittelbar vor Öffnung der Mauer ausgestellt. Rückreise nicht erwünscht.

Es sei dadurch eine Lage entstanden, daß selbst zahlreiche Bürger, darunter insbesondere Angehörige aus den Bereichen Hoch- und Fachschulwesen, Kunst und Kultur sowie Studenten mit einer positiven Grundeinstellung sich mit Zielen und Inhalten der oppositionellen Sammlungsbewegung „Neues Forum" identifizieren, die in dem Gründungsaufruf dieser Gruppierung enthaltenen politischen Grundinhalte und Forderungen akzeptieren und weiter verbreiten.

Unter Bezugnahme auf diese vorgenannten Probleme verweisen progressive Kräfte darauf, immer unsicherer zu werden in der Beurteilung der Lage und keine, die Werktätigen überzeugende Argumente zu besitzen. Dadurch scheuten sie sich immer mehr, überhaupt noch Auseinandersetzungen in den Betrieben zu führen. Hinzu komme, daß es nach wie vor Praxis sei, daß hauptamtliche Parteifunktionäre auf entsprechende Fragen der Parteimitglieder keine Antworten geben oder versuchen, sich mit Zitaten aus entsprechenden Parteidokumenten „über die Runden zu retten". In einigen Fällen wurde Parteimitgliedern beim Stellen von unbequemen Fragen mit Parteistrafen gedroht und damit jegliche Diskussion strikt unterbunden. In dem Bestreben, dennoch gemäß den Forderungen der Partei das politische Gespräch mit den Werktätigen fortzusetzen, bemühten sich diese Parteimitglieder entsprechend ihrem Wissensstand darum, eigene Antworten und Lösungsvarianten zu erarbeiten, die jedoch nicht autorisiert seien, wenig Überzeugungskraft besäßen und angesichts der Unkenntnis der konkreten Situation teilweise auch von einem Abweichen von der Linie der Partei gekennzeichnet wären. Bei entsprechenden ideologischen Auseinandersetzungen in den Arbeitskollektiven würden viele progressive Kräfte in breitem Umfang mit Diskussionen über die Existenz einer sogenannten Klasse der Privilegierten in der DDR (gemeint sind damit Funktionäre der Partei, Leiter staatlicher und wirtschaftsleitender Organe auf zentraler Ebene bis hin zu den Kreisen) sowie mit Hinweisen über die massenhafte Ausbreitung von Schieber- und Spekulantentum konfrontiert. Die dazu in sehr aggressiver Form geführten Diskussionen beinhalten das Argument, diese vorgenannten Personenkreise seien die eigentlichen Nutznießer des Sozialismus. Offensichtlich sei auf ehrliche Art und Weise erworbenes Geld in unserer Gesellschaftsordnung nicht mehr gefragt.

Getragen von der Sorge um die Erhaltung der politischen Stabilität der DDR und der Abwendung von Gefahren für den sozialistischen Staat erwarten und fordern viele Werktätige, insbesondere klassenbewußte Arbeiter aus Industrie und Landwirtschaft, Angehörige der Intelligenz sowie Mitarbeiter staatlicher und wirtschaftsleitender Organe einen unverzüglich beginnenden offenen Dialog der Parteiführung mit den Werktätigen über die anstehenden Probleme. Mitglieder und Funktionäre der SED, der befreundeten Parteien und gesellschaftlicher Organisationen sowie Arbeitskollektive aus allen gesellschaftlichen Bereichen fordern – zum Teil mit großem Nachdruck und sehr emotional geprägt –, daß die Partei- und Staatsführung unverzüglich eine umfassende kritische und reale Analyse der innenpolitischen Lage vornimmt, eine öffentliche Diskussion über Lösungswege zur Überwindung der vorhandenen Probleme und über strategische Entwicklungslinien in Gang setzt sowie eine politische Offensive gegen feindliche oppositionelle Kräfte in der DDR einleitet.

Als vordringlich angesehene Veränderungen werden insbesondere genannt:

1. Volkswirtschaft
   - Aufzeigen einer klaren Perspektive der volkswirtschaftlichen Entwicklung in für alle Bürger der DDR faßbarer, überschaubarer und abrechenbarer Form,
   - Durchsetzung moderner und wirksamer Methoden der Wirtschaftsführung, vor allem bezogen auf die Planung, Bilanzierung und Abrechnung unter Beachtung des Abbaues des administrativen Aufwandes im Planungsprozeß,
   - weitere Erhöhung der Eigenverantwortung und Selbständigkeit der Betriebe,

- Abbau des Mißverhältnisses zwischen der Größe der produktiven Bereiche und des Überbaues,
- Veränderungen in der Subventionspolitik,
- konsequente Durchsetzung des Leistungsprinzips,

2. Weiterentwicklung der sozialistischen Demokratie
   - Entwicklung neuer Formen und Methoden zur Einbeziehung der Werktätigen in die Vorbereitung von Entscheidungen in allen Bereichen der Gesellschaft,
   - konsequente Durchsetzung des Prinzips der Mitbestimmung und Mitverantwortung,
   - Entscheidungen zentraler Partei- und Staatsorgane für das Volk „durchsichtiger machen",
   - Rechenschaftslegung der Partei- und Staatsfunktionäre auf zentraler Ebene vor dem Volk,
3. Informationspolitik
   - Beseitigung des Widerspruchs zwischen gesellschaftlichem Anspruch und der Wirklichkeit,
   - offenes und ehrliches Aufdecken aller Probleme und Schwierigkeiten, um die gesamte Gesellschaft zu mobilisieren,
   - aktuell und offensiv reagieren auf Angriffe des Gegners und innere Feinde,
   - Beendigung umfassender „Hofberichterstattungen" und einseitig orientierter Erfolgsmeldungen,
4. Innerparteiliches Leben
   - Kritik wieder zum Entwicklungsgesetz der Partei zu entwickeln,
   - Gewährleistung einer offenen Atmosphäre, in der für alle Parteimitglieder die Möglichkeit besteht, sich mit Problemen und Hemmnissen auseinanderzusetzen, sie bewegende Fragen offen auszusprechen,
   - Gewährleistung des ständigen Auftretens führender Parteifunktionäre vor dem Parteiaktiv,
   - volle Gewährleistung der innerparteilichen Demokratie.

(BStU, ZAIG, 0/227; abgedruckt bei Mitter/Wolle, Befehle, S. 204–207.)

[23] Ex-Politbüro-Mitglied Günter Schabowski über die Gründe des Scheiterns der DDR, 1992

Nach einem Dreivierteljahrhundert des Experimentierens sind die sozialistischen Volkswirtschaften nahezu lautlos in sich zusammengefallen. Es war die unabwendbare Folge ihrer Lebensuntauglichkeit. Sie hatten nie und nirgens die in ihrer Anfangsphase noch einzusehende Leistungsinferiorität gegenüber dem Wirtschaftssystem überwunden, das sie herausgefordert hatten. Ein von Lenin stammender kommunistischer Glaubenssatz lautet: Die höhere Arbeitsproduktivität ist in letzter Instanz entscheidend für den Sieg der neuen Gesellschaftsordnung. Damit war dem System schon früh das Urteil gesprochen. Es hat dem eigenen Kriterium nicht standgehalten. [...]

Vergesellschaftung bedeutete Verschmelzung von Ökonomie, Politik und Ideologie unter dem Primat der Politik. Das machte Kritik an den Fehlern der Kommandowirtschaft in einer eindimensionalen und isolationären Gesellschaft unmöglich oder unwirksam. Sie war als Angriff auf die gesellschaftliche Doktrin denunziert. [...]

Vergesellschaftung – darin wurzelte letztlich der Indoktrinations- und Überwachungstrieb der Partei. Die durch Vergesellschaftung bewirkten Systemschwächen durften nicht erkannt werden, bzw. die Erkenntnis durfte sich nicht verbreiten, denn dies hätte den moralischen Grundanspruch des Systems und seines Trägers, der Partei, aufgelöst. Die Stasi erscheint so als das letzte Aufgebot, um den Anspruch zu sichern – durch das Überwachungs- und Repressionsnetz im Innern wie durch die Mittag-Mielke-Filiale Koko und deren clevere Adaption kapitalistischer Geschäftspraktiken bei der Devisenbeschaffung im Ausland. [...]

Landläufig werden das Scheitern der SED und das Verenden der DDR auf die stalinistischen und nachstalinistischen Züge zurückgeführt, welche die Partei, ihre Politik und ihre Schöpfungen geprägt oder mißgestaltet haben. Was bei den einen das

Bedürfnis nach schnellen Deutungen solcher Phänomene befriedigt, ist bei anderen, insbesondere bei hinterbliebenen Linken, der Wunsch, aus dem Nachlaß der Verstorbenen etwas Unbeschädigtes für den Eigenbedarf herüberzuretten. Hilfreich dafür scheint, das sozialistische Fiasko als das Werk einer Rotte verderbter, machtversessener und inkompetenter Typen zu personalisieren. Das erspart es, Marx und Engels bzw. ihre Theorie in die Ermittlungen einzubeziehen. [...]

Gründung und staatliche Formierung der DDR vollzogen sich in der Tat straff nach Stalin'scher Rezeptur als „sozialistischer Vorposten" im weltweiten Klassenkampf. Die Moskauer Fraktion der KPD hatte wesentlichen Anteil an den Projektierungsarbeiten für die deutschen Nachkriegslösungen sowjetischer Bauart, und zwar sowohl für eine Einheits- wie für die spätere Zwei-Staaten-Variante. [...]

Das Phänomen Stalinismus ist nicht allein mit der Person des Tyrannen zu erklären. Die despotische Tendenz und Verführung ist schon in der marxistischen Lehre angesiedelt. Ein Kernstück der Theorie ist, daß allein die Kommunisten, die marxistische Geschichtsdeutung und Weltsicht verinnerlicht haben, stellvertretend für die amorphe und sich ihrer Klasse nicht bewußte Arbeiterschaft handeln können. [...] In der Sowjetunion kam es unter Stalin zur extremsten und barbarischsten Verkörperung kommunistischen Selbstverständnisses. Gewiß, die Entartung ist singulär. Aber die Möglichkeit der Entartung war es nicht. In einer Gesellschaft, die keine Alternative duldet, die diktatorisch strukturiert ist, kann diese Tendenz nie ausgeschlossen werden. Sie ist nicht nur wiederholbar, falls ein potentieller Despot an die Spitze der Partei gerät. Die Disposition steckt in der gesellschaftlichen Monostruktur. Sie wird immer wieder zur Fixierung auf einen weisen Steuermann verleiten, um die Unsicherheiten zu kompensieren, die in einer pluralistischen Demokratie durch eine entwickelte und garantierte Streitkultur aufgearbeitet werden. Stalin war folglich eine Möglichkeit der marxistischen Praxis. [...] Die Marx'sche Partei-Idee von der hellseherischen Vorhut war die ideelle Voraussetzung für die Parteidiktatur. [...]

Schließlich muß wiederholt werden, daß die DDR kein sozialistisches Retorten-Experiment war. Ihre Entwicklung und ihr Ende können nicht nur als ein Produkt von falsch oder richtig interpretiertem Marxismus gedeutet werden. Die DDR war ebenso das Ergebnis der Großmächtekonstellation im Nachkriegseuropa. Sozialismusversuch, Angriffsobjekt und Vorposten im Kalten Krieg, Eckpfeiler in den imperialen Plänen Stalins wie seiner Nachfolger – das rührte sich zu einem unverträglichen Gemenge zusammen. Es mußte den sozialen Anspruch der DDR verderben. [...]

(Günter Schabowski, Die Abstoßung der Utopie. In der DDR erlitt der Marxismus sein deutsches Fiasko, in: *Geschichte in Wissenschaft und Unterricht* 43 (1992), S. 459 ff.)

Abkürzungen

ABV	Abschnittsbevollmächtigter
ADN	Allgemeiner Deutscher Nachrichtendienst
APO	Abteilungsparteiorganisation
BArch	Bundesarchiv, Nebenstelle Berlin
BGL	Betriebsgewerkschaftsleitung
BL	Bezirksleitung
BRD	Bundesrepublik Deutschland
BStU	Beauftragte(r) für die Stasi-Unterlagen
BVG	Berliner Verkehrsgesellschaft
CDU	Christlich Demokratische Union Deutschlands
CSU	Christlich-Soziale Union in Bayern
DDR	Deutsche Demokratische Republik
DFD	Demokratischer Frauenbund Deutschlands
EVG	Europäische Verteidigungsgemeinschaft
FDGB	Freier Deutscher Gewerkschaftsbund
FDJ	Freie Deutsche Jugend
GENEX	Geschenkdienst- und Kleinexport GmbH
GO	Grundorganisation
HICOG	United States High Commision(er) for Occuppied Germany
HO	Handelsorganisation
IFA	Industrieverwaltung Fahrzeug- und Automobilbau
IfGA	Institut für die Geschichte der Arbeiterbewegung
IM	Inoffizielle Mitarbeiter der Stasi
KPD	Kommunistische Partei Deutschlands
KPdSU	Kommunistische Partei der Sowjetunion
KSZE	Konferenz für Sicherheit und Zusammenarbeit in Europa
KVP	Kasernierte Volkspolizei
KZ	Konzentrationslager
LOPM	Leitende Organe der Partei und der Massenorganisationen
LPG	Landwirtschaftliche Produktionsgenossenschaft
MAS	Maschinen-Ausleihstation

MfS	Ministerium für Staatssicherheit
MG	Maschinengewehr
MTS	Maschinen-Traktoren-Station
NATO	North Atlantic Treaty Organization
ND	Neues Deutschland
NÖS	Neues Ökonomisches System
ÖSS	Ökonomisches System des Sozialismus
PB	Politbüro
PDS	Partei des Demokratischen Sozialismus
PDVP	Präsidium der Volkspolizei
RAF	Rote Armee Fraktion
RIAS	Rundfunk im Amerikanischen Sektor (von Berlin)
SAG	Sowjetische Aktiengesellschaft
SAPMO	Stiftung Archiv der Parteien und Massenorganisationen der ehemaligen DDR im Bundesarchiv Berlin
SdM	Sekretariat des Ministers
SED	Sozialistische Einheitspartei Deutschlands
SKK	Sowjetische Kontrollkommission
SMAD	Sowjetische Militäradministration in Deutschland
SPD	Sozialdemokratische Partei Deutschlands
Stasi	Staatssicherheitsdienst
SU	Sowjetunion
SVK	Sozialversicherungskasse
TASS	Sowjetische Nachrichtenagentur
UHA	Untersuchungshaft-Anstalt
UNO	United Nations Organization
USA	United States of America
VdgB	Vereinigung der gegenseitigen Bauernhilfe
VEB	Volkseigener Betrieb
VEG	Volkseigenes Gut
VLR	Vortragender Legationsrat
VP	Volkspolizei
VPKA	Volkspolizei-Kreisamt
VS	Verschlußsache
WD	Westdeutschland
WPO	Wohnparteiorganisation
ZAIG	Zentrale Auswertungs- und Informationsgruppe
ZK	Zentralkomitee
ZPA	Zentrales Parteiarchiv (der SED)

Literaturauswahl

I. 17. Juni

Baring, Arnulf, Der 17. Juni 1953, Stuttgart 1983.

Beier, Gerhard, Wir wollen freie Menschen sein. Der 17. Juni 1953. Bauleute gingen voran, Köln 1993.

Buchheim, Christoph, Wirtschaftliche Hintergründe des Arbeiteraufstandes vom 17. Juni 1953 in der DDR, in: *Vierteljahrshefte für Zeitgeschichte* 38 (1990), S. 415–433.

Der 17. Juni 1953, der Anfang vom Ende des sowjetischen Imperiums. Deutsche Teil-Vergangenheiten – Aufarbeitung West. Die innerdeutschen Beziehungen und ihre Auswirkungen auf die Entwicklung in der DDR. Dokumentation, Leipzig 1993.

Der Volksaufstand vom 17. Juni 1953. Denkschrift über den Juni-Aufstand in der Sowjetischen Besatzungszone und in Ostberlin, hrsg. v. Bundesministerium für gesamtdeutsche Fragen, Bonn 1953 (Faksimilierter Nachdruck hrsg. v. Bundesministerium für innerdeutsche Beziehungen, Bonn 1983).

Diedrich, Torsten, Der 17. Juni 1953 in der DDR. Bewaffnete Gewalt gegen das Volk, Berlin 1991.

Enquete-Kommission „Aufarbeitung von Geschichte und Folgen der SED-Diktatur in Deutschland“, Protokoll der 42. Sitzung, Band II, 1, Baden-Baden 1995.

Fricke, Karl Wilhelm, 17. Juni 1953. Der Aufstand: Funkdokumentation/Hg. Deutschlandfunk, Köln 1993, 76 S.

Friedrich, Armin/Friedrich, Thomas (Hg.), „Es hat alles keinen Zweck, der Spitzbart muß weg.“ Der 17. Juni 1953, Berlin 1992.

Fuckert, Walter, Der 17. Juni 1953 in den Leunawerken, Halle 1996.

Gallus, Alexander, Der 17. Juni im Deutschen Bundestag von 1954–1990, in: *Aus Politik und Zeitgeschichte*, B 25/1993, S. 12–21.

Gehler, Michael, Status quo-Denken auf breitester Basis: Der 17. Juni 1953, die Sowjetunion, die Westmächte und Adenauer. Darstellung, Literatur und Dokumente, in: *Informationen für den Geschichts- und Gemeinschaftskundelehrer* 56 (1998), S. 5–48.

Gehler, Michael, Von der Arbeiterrevolte zur spontanen politischen Volkserhebung. Der 17. Juni 1953 in der DDR im Urteil westlicher Diplomatie und Politik, in: *Militärgeschichtliche Mitteilungen* 54 (1995), S. 363–417.

Görldt, Andrea, Rudolf Herrnstadt und Wilhelm Zaisser. Ihre Konflikte in der SED-Führung im Kontext innerparteilicher Machtsicherung und sowjetischer Deutschlandpolitik, Frankfurt am Main u.a. 2002.

Hagen, Manfred, DDR – Juni ’53. Die erste Volkserhebung im Stalinismus, Stuttgart 1992.

Hagen, Manfred/Wendorf, Joachim, Film-, Foto- und Tonquellen zum 17. Juni 1953 in Berlin, Göttingen 1992.

Haupts, Leo, Die Blockparteien in der DDR und der 17. Juni 1953, in: *Vierteljahrshefte für Zeitgeschichte* 40 (1992), S. 383–412.

Hettling, Manfred: Umstritten, vergessen, erfolgreich. Der 17. Juni als bundesdeutscher Nationalfeiertag, in: *Deutschland Archiv* 33 (2000), S. 433–441.

Hoshino, Haruhiko, Macht und Bürger. Der 17. Juni 1953, Frankfurt am Main u.a. 2002.

Karmrodt, Andreas, Der 17. Juni 1953 in Jena. Volk – Polizei – Partei, Erfurt 1997.

Kleßmann, Christoph/Stöver, Bernd (Hg.), 1953 – Krisenjahr des Kalten Krieges in Europa, Köln/Weimar/Wien 1999.

Knabe, Hubertus, 17. Juni 1953. Ein deutscher Aufstand, Berlin 2003.

Kowalczuk, Ilko-Sascha/Mitter, Armin/Wolle, Stefan (Hg.), Der Tag X – 17. Juni 1953. Die „innere Staatsgründung“ der DDR als Ergebnis der Krise 1952/1954, Berlin 1995.

Krämer, Martin, Der Volksaufstand vom 17. Juni 1953 und sein politisches Echo in der Bundesrepublik Deutschland, Bochum 1996.

Larres, Klaus, Neutralisierung oder Westintegration? Churchill, Adenauer, die USA und der 17. Juni 1953, in: *Deutschland Archiv* 27 (1994), S. 568–585.

Mählert, Ulrich (Hg.), Der 17. Juni 1953. Ein Aufstand und seine Vorgeschichte, Bonn 2003.

Ostermann, Christian F., Uprising in East Germany 1953. The Cold War, The German Question, and The First Major Upheaval Behind the Iron Curtain (National Security Archive Cold War Reader), Budapest/New York 2001.

Roth, Heidi/Fricke, Karl Wilhelm, Der 17. Juni 1953 in Sachsen, Köln 1999.

Scherstjanoi, Elke, „Wollen wir den Sozialismus?“ Dokumente aus der Sitzung des Politbüros des ZK der SED am 6. Juni 1953, in: *Beiträge zur Geschichte der Arbeiterbewegung* 33 (1991), S. 658–680.

Schlothauer, Wolfram, Der 17. Juni 1953 in Thüringen, Gebesee 1995.

17. Juni 1953 (Hefte zur ddr-geschichte, 7), Berlin 1993.

Spittmann, Ilse/ Fricke, Karl-Wilhelm (Hg.), 17. Juni 1953. Arbeiteraufstand in der DDR, Köln 1982.

Stöckigt, Rolf, „Ein Dokument von größter historischer Bedeutung vom Mai 1953.“ Beschluß des Präsidiums des Ministerrates der UdSSR „Maßnahmen zur Gesundung der politischen Lage in der Deutschen Demokratischen Republik“, in: *Beiträge zur Geschichte der Arbeiterbewegung* 32 (1990), S. 648–654.

Stulz-Herrnstadt, Nadja (Hg.), Das Herrnstadt-Dokument. Das Politbüro der SED und die Geschichte des 17. Juni 1953, Reinbek 1990.

Wengst, Udo, Der Aufstand am 17. Juni 1953 in der DDR. Aus den Stimmungsberichten der Kreis- und Bezirksverbände der Ost-CDU im Juni und Juli 1953, in: *Vierteljahrshefte für Zeitgeschichte* 41 (1993), S. 277–321.

Wettig, Gerhard, Zum Stand der Forschung über Berijas Deutschland-Politik im Frühjahr 1953, in: *Deutschland Archiv* 26 (1993), S. 674–682.
Wilke, Manfred/Voigt, Tobias, „Neuer Kurs“ und 17. Juni – Die zweite Staatsgründung der DDR 1953, in: Andreas B. Hegedüs/Manfred Wilke (Hg.), Satelliten nach Stalins Tod, Berlin 2000.
Wolfrum, Edgar, Geschichtspolitik und deutsche Frage. Der 17. Juni im nationalen Gedächtnis der Bundesrepublik (1953–1989), in: *Geschichte und Gesellschaft* 24 (1998), S. 382–411.
Zeitgeschichte (n) e.V. in Sachsen-Anhalt (Hrsg.), Der 17. Juni 1953 in Halle – ein Tag der Zivilcourage, Halle 2001.

II. DDR (allgemein)

Badstübner, Rolf/Loth, Wilfried (Hg.), Wilhelm Pieck – Aufzeichnungen zur Deutschlandpolitik 1945–1953, Berlin 1994.
Bennewitz, Inge/Potratz, Rainer, Zwangsaussiedlungen an der innerdeutschen Grenze, Berlin 2002[2].
Besier, Gerhard, Der SED-Staat und die Kirche. Der Weg in die Anpassung, München 1993.
Diedrich, Torsten/Wenzke, Rüdiger, Die getarnte Armee. Geschichte der Kasernierten Volkspolizei der DDR 1952–1956, Berlin 2001.
Einsichten. Diktatur und Widerstand in der DDR, hrsg. Stiftung Haus der Geschichte der Bundesrepublik Deutschland, Zeitgeschichtliches Forum Leipzig, Leipzig 2001.
Fricke, Karl Wilhelm/Engelmann, Roger, „Konzentrierte Schläge“. Staatssicherheitsaktionen und politische Prozesse in der DDR 1953–1956, Berlin 1998.
Gieseke, Jens, Mielke-Konzern. Die Geschichte der Stasi 1945–1990, Stuttgart/München 2001.
Henke, Klaus-Dietmar/Steinbach, Peter/Tuchel, Johannes (Hg.), Widerstand und Opposition in der DDR, Köln/Weimar/Wien 1999.
Hertle, Hans-Hermann, Der Fall der Mauer. Die unbeabsichtigte Selbstauflösung des SED-Staates, Opladen/Wiesbaden 1999.
Hertle, Hans-Hermann/Stephan, Gerd-Rüdiger (Hg.), Das Ende der SED. Die letzten Tage des Zentralkomitees, Berlin 1999.
Hoffmann, Dierk/Schmidt, Karl-Heinz/Skyba, Peter (Hrsg.), Die DDR vor dem Mauerbau. Dokumente zur Geschichte des anderen deutschen Staates 1949–1961, München/Zürich 1993.
Ihme-Tuchel, Beate, Die DDR, Darmstadt 2002.
Judt, Matthias (Hrsg.), DDR – Geschichte in Dokumenten, Beschlüsse, Berichte, interne Materialien und Alltagszeugnisse, Bonn 1998.
Kurth, Eberhard/Buck, Hannsjörg u.a. (Hg.), Am Ende des realen Sozialismus. Beiträge zu einer Bestandsaufnahme der DDR-Wirklichkeit in den 80er Jahren. Band 1: Die SED-Herrschaft und ihr Zusammenbruch; Band 2: Die wirtschaftliche und ökologische Situation der DDR in den achtziger Jahren;

Band 3: Opposition in der DDR in den 70er Jahren bis zum Zusammenbruch der SED-Herrschaft; Band 4: Die Endzeit der DDR-Wirtschaft. Analysen zur Wirtschafts-, Sozial- und Umweltpolitik, Opladen 1996–1999.
Lemke, Michael, Einheit oder Sozialismus? Die Deutschlandpolitik der SED 1949–1961, Köln/Weimar/Wien 2001.
Loth, Wilfried, Stalins ungeliebtes Kind. Warum Moskau die DDR nicht wollte, Berlin 1994.
Mählert, Ulrich, Kleine Geschichte der DDR, München 1998, 2001³.
Malycha, Andreas, Die SED. Geschichte ihrer Stalinisierung 1946–1953, Paderborn 2000.
Mitter, Armin/Wolle, Stefan (Hrsg.), „Ich liebe euch doch alle!" Befehle und Lageberichte des MfS. Januar – November 1989, Berlin 1990.
Mitter, Armin/Wolle, Stefan, Untergang auf Raten. Unbekannte Kapitel der DDR-Geschichte, München 1993.
Neubert, Ehrhart, Geschichte der Opposition in der DDR 1949–1989, Bonn 2000².
Schroeder, Klaus, Der SED-Staat. Geschichte und Strukturen der DDR, München 1999².
Spittmann, Ilse, Der Wandel der Legenden, in: *Deutschland Archiv* 17 (1984), S. 594–605.
Staritz, Dietrich, Geschichte der DDR 1945–1985, Frankfurt am Main 1987.
Steininger, Rolf, Der Mauerbau. Die Westmächte und Adenauer in der Berlinkrise 1958–1963, München 2001.
Steininger, Rolf, Deutsche Geschichte 1945 bis zur Gegenwart. Darstellung und Dokumente in vier Bänden, Frankfurt am Main 2002. (In Bd. 2, S. 364 ff. weitere Literatur zum 17. Juni.)
Steininger, Rolf, Der Kalte Krieg, Frankfurt am Main 2003.
Timmermann, Heiner (Hg.), Die DDR – Erinnerung an einen untergegangenen Staat, Berlin 1999.
Timmermann, Heiner (Hg.), Die DDR in Deutschland – Ein Rückblick auf 50 Jahre, Berlin 2001.
Timmermann, Heiner (Hg.), Die DDR – Analysen eines aufgegebenen Staates, Berlin 2001.
Vollnhals, Clemens/Weber, Jürgen (Hg.), Der Schein der Normalität. Alltag und Herrschaft in der SED-Diktatur, München 2002.
Weber, Hermann, Geschichte der DDR, München 1999, 2000².
Weber, Hermann/Mählert, Ulrich (Hg.), Terror. Stalinistische Parteisäuberungen 1936–1953, Paderborn 1998.
Weber, Jürgen (Hg.), Der SED-Staat: Neues über eine vergangene Diktatur, München 1994.
Werkentin, Falco, Recht und Justiz im SED-Staat, Bonn 2000².
Wettig, Gerhard, Bereitschaft zur Einheit in Freiheit? Die sowjetische Deutschlandpolitik 1945–1955, München 1999.
Wolle, Stefan, Die heile Welt der Diktatur. Alltag und Herrschaft in der DDR 1971–1989, Bonn 1998.

Internetadressen

Zwei hervorragende Websites zum 17. Juni 1953:

http://www.17Juni53.de
Bundeszentrale für politische Bildung, DeutschlandRadio Berlin und Zentrum für Zeitgeschichtliche Forschung in Potsdam; mit Dokumenten, Zeitzeugenberichten, O-Tönen, Materialien der Bundeszentrale für politische Bildung, einer Bibliographie, etc.

http://www.bstu.de/ddr/juni1953
„Die Tage im Juni 1953“, Bundesbeauftragte für die Stasi-Unterlagen; ebenfalls mit Überblick, Chronologie, Ton-Dokumenten.

Weitere etwa 100 Adressen bei Steininger, Deutsche Geschichte, Bd. 4, S. 445–456, sowie im online-Service ZIS (Zeitgeschichte-Informations-System) des Instituts für Zeitgeschichte der Universität Innsbruck unter http://zis.uibk.ac.at unter den Stichworten Deutsche Geschichte seit 1945, DDR, 17. Juni 1953, Mauerbau, Kalter Krieg/Cold War, etc.

Personenregister

Ackermann, Anton 130 f.
Adenauer, Konrad 25, 28, 30, 52, 59, 61, 75, 83, 133
Apel, Erich 91
Axen, Hermann 115

Bahr, Egon 59
Berija, Lawrentij P. 41 ff., 92, 127
Bertsch, Herbert 132
Biermann, Wolf 89
Brandt, Willy 81, 95
Breschnew, Leonid 9, 52, 95 ff., 105
Buchwitz, Otto 31
Bulganin, Nikolai A. 33, 41, 125

Chruschtschow, Nikita S. 41, 62, 80, 127, 145
Churchill, Winston S. 18, 61, 63, 78, 82, 87

Dartsch, Alfred 126
Dibrowa, Pawel A. 50, 52, 56
Dubček, Alexander 106
Dulles, John Foster 59, 63

Ebert, Friedrich 130
Ehrensperger, Günter 102
Eisenhower, Dwight D. 62, 145
Eisler, Gerhard 9, 25
Engels, Friedrich 195
Etzdorf, Hasso von 127

Fricke, Karl Wilhelm 12

Gehler, Michael 58
Gieseke, Jens 93
Gorbatschow, Michail 10, 106
Göttling, Willi 52
Gottschling, Wolfgang 55
Goworow, Leonid 53
Gretschko, Andrej 41, 125
Grobbel, Karl 129
Gromyko, Andrej 78 f.
Grotewohl, Otto 24 f., 28 f., 33, 41 ff. 48, 51, 64, 75, 113–119, 122, 129 ff.

Hager, Kurt 12, 90, 103
Harich, Wolfgang 66
Havemann, Robert 47, 89 f.
Hennecke, Adolf 187
Herrnstadt, Rudolf 39, 41, 43, 46, 57, 113, 129 ff.
Hertle, Hans-Hermann 97 f.
Heym, Stefan 89
Hirche, Kurt 132
Hitler, Adolf 133
Hockauf, Frida 187
Honecker, Erich 9 f., 89, 92, 95 ff., 100, 105 ff., 114, 129, 166, 185

Janka, Walter 66
Jendretzky, Hans 117, 131

Kaganowitsch, Lazar M. 41, 127
Kaiser, Jakob 48, 129, 131 f.
Kennedy, John F. 78, 80, 145
Kobulow, Bogdan 60
Konew, Iwan 80
Krone, Heinrich 81, 85

Larres, Klaus 58
Lehmann, Otto 46, 123

Lenin, Wladimir I. 89, 171, 189, 194
Lenz, Otto 127

Malenkow, Georgij M. 33, 41 f., 127
Manuilski, Dimitri Z. 118
Marx, Karl 195
Matern, Hermann 113 f., 130
Merkel, Angela 86
Meynen, Erich 129
Mielke, Erich 11, 80, 92 ff., 102, 143, 194
Mikojan, Anastas 41, 79, 127
Mittag, Günter 194
Mitter, Armin 11, 66
Molotow, Wjatscheslaw M. 33, 41 f., 127
Mückenberger, Erich 114, 131
Müller, Werner 11

Nuschke, Otto 46, 129

Oelßner, Fred 41, 113 f., 117, 130
Olszowski, Stefan 106
Ostermann, Christian 58

Perwuchin, Michail 78 f.
Pieck, Wilhelm 24, 29, 33, 64, 113, 121 f., 134

Rau, Heinrich, 86, 130
Rau, Johannes 117
Reuter, Ernst 51
Rosenberg, Ludwig 132

Schalck-Golodkowski, Alexander 103
Scharnowski, Ernst 49, 132
Scheel, Walter 95
Schirdewan, Karl 64, 66
Schmidt, Elli 130
Schmidt, Helmut 167
Schnitzler, Karl Eduard von 91, 97
Schröder, Gerhard 86
Schürer, Gerhard 103
Selbmann, Fritz 47 f., 128
Semistschastnow, Judin 118
Semjonow, Wladimir 40, 113, 115–120, 126
Seume, Franz 132
Sokolowski, Wassili 53
Spittmann, Ilse 43
Stalin, Josef W. 9, 24 f., 29–34, 36, 38 f., 61, 63, 97, 171, 195 f.
Stoiber, Edmund 86
Strauch, Herbert 126

Tarasow, A. 127
Truman, Harry S. 34
Tschuikow, Wassili I. 119
Tulpanow, Sergej 19 f.

Ulbricht, Walter 9 f., 14, 18, 24, 29–34, 38 f., 41, 46, 48, 55, 57, 63 f., 66 ff., 73 ff., 79, 82 f., 87–92, 95, 107, 114–120, 122, 129 ff., 133, 142, 162

Verner, Paul 115
Vockel, Heinrich 127

Wandel, Paul 130
Wehner, Herbert 132
Wettig, Gerhard 43
Winzer, Otto 130
Wolle, Stefan 11, 98, 103
Wollweber, Ernst 66, 92
Woroschilow, Kliment J. 127

Zaisser, Wilhelm 57, 92, 114, 117, 130 f.
Ziller, Gerhard 66
Zitzewitz-Muttrin, Friedrich Karl von 132